日本人のためのクラウドファンディング入門

板越ジョージ著
George Itagoshi

Forest
2545
Shinsyo

学生から主婦、シングルマザー、
ビジネスマン、リタイヤ組まで

ついに、
日本でも
本格始動！

「クラウドファンディング」で夢を叶えている人が続出中！

「せっかくいいアイデアがあるのに、お金がない」「マーケットが小さいから実現しない」「リスクがありそうで、一歩が踏み出せない」「こんな小さい夢なんて、叶うわけがない」……。

そんなあなたの「こんなことをやってみたい！」にブレーキをかけている問題を解消し、夢やアイデアを実現させてくれる仕組みが、「クラウドファンディング」です。

2015 年から日本でも本格化し、さまざま人が小さな夢から大きな夢まで叶えています。

次は、あなたの番です。

世の中は、あなたの夢やアイデアを待っています！

成功プロジェクト①

年貢を納めて村民に!?
シェアビレッジ町村、村民 1000 人募集します

プロジェクトDATA

- 目標金額：100万円
- 開催期間：45日間
- 支援金額：571万円
- 支援者数：862人

秋田県の五城目町にある築 133 年の茅葺古民家を村に見立てたシェアビレッジの再生プロジェクト。「年貢」と呼ばれる年会費を納めれば、誰でも村民になれるというアイデアで募集。村民になると、宿泊ができたり、田舎体験をしたり、村民同士で楽しんだりすることができる。いわば、仮想的な第二の故郷が持てるプロジェクト。

詳細は本書 67 ページへ

成功プロジェクト②

九州の厳選素材を使った無添加スイーツがたっぷり詰まったメイソンジャーをお届けします「ジャーケーキ専門店」

九州で採れる食材をメインに使ったこだわりの無添加スイーツを、アメリカ製のガラス製保存瓶「メイソンジャー」で全国へ提供するプロジェクト。いわば、「ふるさと納税」的な発想。連続的にクラファンを通販サイトのように利用。事前に数量がわかるため、受注生産が可能となり、無駄な在庫やリスクを抱える必要もない。

プロジェクトDATA

- 目標金額：60万円
- 開催期間：30日間
- 支援金額：87.7万円
- 支援者数：107人

詳細は本書 82 ページへ

成功プロジェクト③

童話モチーフコスメ第一弾「赤ずきん」をイメージしたアイシャドウを製品化したい

プロジェクトDATA

- 目標金額：100万円
- 開催期間：55日間
- 支援金額：1053万2500円
- 支援者数：2508人

過去に数回クラファンで商品を世に出しているものづくり集団「作るよ」こと、株式会社フレントレップが立案。開始後からすぐに10代、20代前半の女性を中心に支持をされ、目標金額の10倍以上の結果となった。2508人は、2015年2月時点で日本の最多支援者数を獲得し、注目を浴びたプロジェクト。

詳細は本書94ページへ

成功プロジェクト④

岡山県津山市をオリーブ産地に「オリーブの花香る農園」苗木オーナー募集！

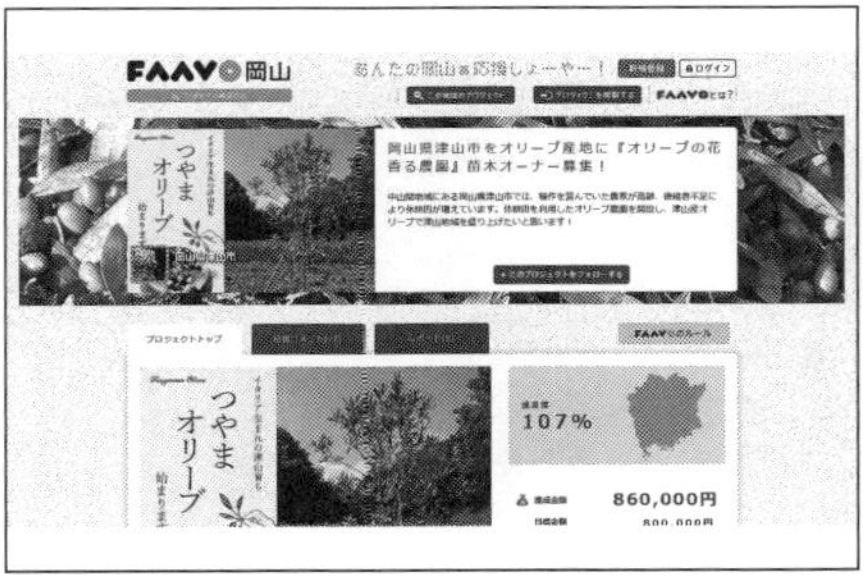

岡山県津山市で、津山産オリーブ園を開設して、「津山ブランドのオリーブ」という特産品を全国に広め、この地域での雇用も創り出していけるオリーブ農園を目指したプロジェクト。支援者の名前入りタグ付きでオリーブの苗木を育てるというリターン（支援者への見返り）の他にさまざまなお得感のあるリターンが人気を集めた。

プロジェクトDATA

- 目標金額：80万円
- 開催期間：35日間
- 支援金額：86万円
- 支援者数：77人

詳細は本書 142 ページへ

成功プロジェクト⑤

学びを通じて幸せな大人を増やしたい！
岡山駅前に勉強カフェオープン!!

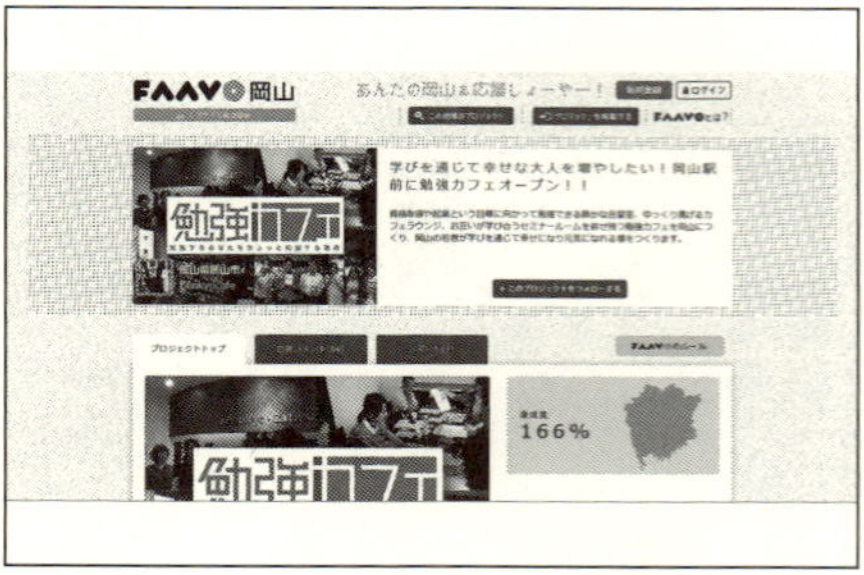

プロジェクトDATA

- 目標金額：50万円
- 開催期間：31日間
- 支援金額：83万円
- 支援者数：84人

「勉強カフェを通じて、岡山への若者定着につなげたい」と題したプロジェクトは、地方活性化のコミュニティ作りを目指した、日本ならではのプロジェクト。勉強カフェ岡山のオープンすることを知ってもらうこと、会員獲得が目的。クラウドファンディングを資金調達ではなく、マーケティングに活用した事例。

詳細は本書151ページへ

成功プロジェクト⑥

大学生路上靴磨き職人が名古屋に「魅せる」靴磨き専門店を開くプロジェクト

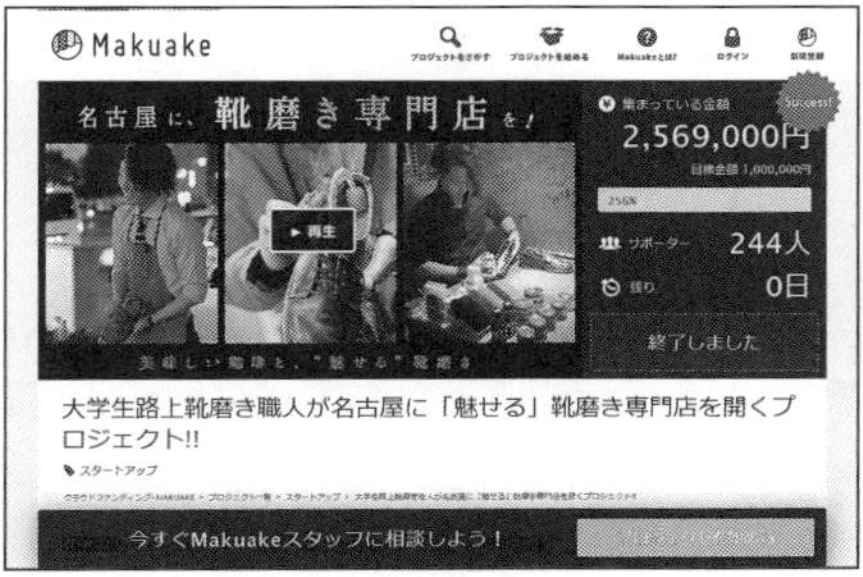

プロジェクトDATA

- 目標金額：100万円
- 開催期間：25日間
- 支援金額：257万円
- 支援者数：244人

現役大学生が、珈琲を飲みながら、目の前で靴磨きを楽しんでもらえる英国パブカウンタースタイルでの靴磨き専門店を名古屋に開くというプロジェクト。支援者の50%近い人は50代以上の男性だった。「大学生が路上で靴磨きをする」という「奇抜さ」と「けなげさ」が共感を呼び、成功をおさめたプロジェクト。

詳細は本書177ページへ

成功プロジェクト⑦

がん患者が自分の力を取り戻すための場「マギーズセンター」を東京に

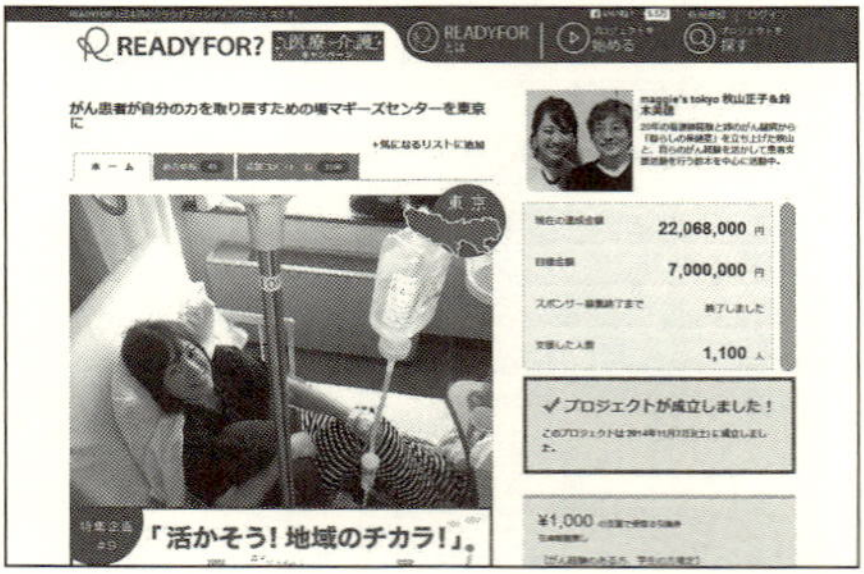

24歳で乳ガンを発見、克服した女性と、姉のガン闘病を経験した女性の2人が、英国にあるガン患者と支える人たちのための相談支援センター「マギーズセンター」を東京につくることを目的に立ち上げたプロジェクト。多様なコミュニティからの支援や、魅力的なギフト、動画や影響力のある人からの支援が成功に導いた。

プロジェクトDATA

- 目標金額：700万円
- 開催期間：60日間
- 支援金額：2200万円
- 支援者数：1100人

詳細は本書184ページへ

はじめに——1回きりの人生、コレを知らない分だけ損している

「いいアイデアがあるのに、お金がないからできない」あなたへ

本書を手に取っていただき、ありがとうございます。

「クラウドファンディングなんて、聞いたこともない」

「クラウドファンディングという言葉は、最近よく聞くけれど、よくわからない」

「ネットで資金を集めるやつでしょ？　私には関係ない」

そんなふうに思っている方がいるかもしれません。

でも、あなたは今までに

「こんなことをやってみたい！」

と思ったことはありませんか？

「子どもの頃から、自分がセレクトした雑貨屋を開くのが夢だった」

「ニューヨークで、自分の作品の個展を開きたい」

「せっかくいいアイデアがあるのに、お金がないから実現できない」

「実現を求めているコアなファンがいるのに、マーケットが小さいから協力が得られない」

クラウドファンディング（以下、クラファン）は、そんなあなたの「こんなことをやってみたい」を実現するための、とても便利なシステムなのです。

少額の資金調達が可能、資金調達以外のメリットもいっぱい

そうは言っても、次のような不安が湧き上がるかもしれません。初めて聞いた人から次のような質問をよく受けます。


「ファンディングって、なんかあやしい」

「一般人がネットで資金集めなんてできるの？」

「リスクがありそうで怖い」

「こんなちっぽけな計画で、本当にお金が集まるの？」

「田舎に住んでいるのに、たくさんの人が支援してくれるの？」

ひと言で言えば、大丈夫、心配ご無用です。本書を読んでいただければ、その理由がよくわかると思います。

「ファンディング」と聞くと、なにか大きなお金が動くようなイメージがあるかもしれません。しかし実際は、身近な目標を達成するための、とても便利な資金集めの方法なのです。

実際にクラファンで実現した例として、たとえばこんなものがあります。
◎主婦が習い事教室を開く。
◎田舎で子育てをしているシングルマザーが、自分でデザインしたジュエリーを商品化。
◎定年退職後、地元で愛される体にやさしいお弁当屋さんを開店。

◎現役の大学生が地方都市の駅前で靴磨きカフェを開業。

どれも何千万、何億という大金ではなく、十数万円から100万円ぐらいで十分に成立する夢やアイデアを実現することができるのです。

クラファンで得られるメリットは、資金調達だけではありません。

本書の中で詳しく解説していきますが、**応援者**や**技術**、**販売ルート**、**メディアPR**、**社会的信用**など、さまざまなメリットがたくさんあります。

1回きりの人生です。あなたの「こんなことをやってみたい」という**夢やアイデアを実現するために、とても力強い武器となるこのシステム**を知らないなんて損をしているとも言えます。

しかも、日本では草創期である今のうちに、**いち早く行動を起こした人がその後得をする**ことは間違いありません。

日本人ならではクラファン活用術

本書は、２０１４年12月に刊行された日本において最初のクラファンの完全ノウハウ本『クラウドファンディングで夢をかなえる本』を、よりわかりやすいように入門書として新たに書き下ろしたものです。

同書刊行後、クラファンでたくさんの人に夢を叶えてもらいたいと思い、日本やアメリカで40回以上のセミナー・講演を開催してきました。クラファンの先端を突き進んでいるアメリカと日本を行き来しながら、日々、**クラファンの研究、コンサルティング**を続けています。

前著は「知恵だけで１０００万円を集めるのも夢ではない」を主題に、特に都市部の流行に敏感な30、40代をメインターゲットにしました。

しかし出版後、日本全国を回ってみると、**10代から70代の人までの老若男女がクラファ**

ンに興味を持っていることに気がつきました。

40代のシングルマザーから大学生、町おこしを真剣に考えている20代、30代の若者などが目をキラキラ輝かせて私の話を聞いてくれています。

このように私は全国で講演をし、多くの方々のコンサルティングをして、**日本人特有のクラファンの利用方法や支援方法があること**に気がつきました。

そこで、本書を「日本人のために」執筆しました。**現場に入ってコンサルをしているクラファン研究者**として、特に、他の本にはあまり書かれていない、資金調達以外での活用方法についても詳しく解説しています。

クラファンの潮流、基礎知識から活用法まで徹底解説

本書の主な内容は、次のとおりです。

序章では、「クラウドファンディングとは何か?」と題して、初めてクラファンという言葉を知った人でもわかるように超基本的な事柄を解説しています。すでに知っている方でも、クラファンの潮流や基礎知識の確認のために役立つ内容になっています。

第1章は、「日本人のためのクラウドファンディング」をテーマに、今後どのように日本でクラウドファンディングが普及していくのか、日本人に最適なクラウドファンディングの利用方法についてお伝えします。

第2章は、「クラウドファンディングをやってみたいと思ったら」と題して、興味を持ったらまずやるべきこと、たとえば、クラファンサイトの選び方や企画書の書き方、目標金額の設定などについてわかりやすく解説します。

第3章「クラウドファンディング成功のポイント」では、いかに自分のプロジェクトをアピールして、成功に導くかの具体的ノウハウをお伝えします。

第4章では、受講者や読者の方からよく寄せられる「クラウドファンディングでよくある質問」にお答えします。

この本を手に取ったあなたは、**今世界で最も新しい資金調達方法**を学ぶことができます。

ぜひクラウドファンディングを利用して、叶えたい夢を実現しましょう！

本書があなたの幸せの第一歩となれば、著者としてこれほどうれしいことはありません。

板越ジョージ

日本人のためのクラウドファンディング入門 ◎ CONTENTS

第2章 クラウドファンディングをやってみたいと思ったら

第3章

クラウドファンディング成功のポイント

第4章 クラウドファンディングでよくある質問

カバーデザイン◎河村 誠
本文デザイン・図版作成◎二神さやか
イラスト◎矢野億子
ＤＴＰ◎株式会社キャップス

序章

クラウドファンディングとは何か?

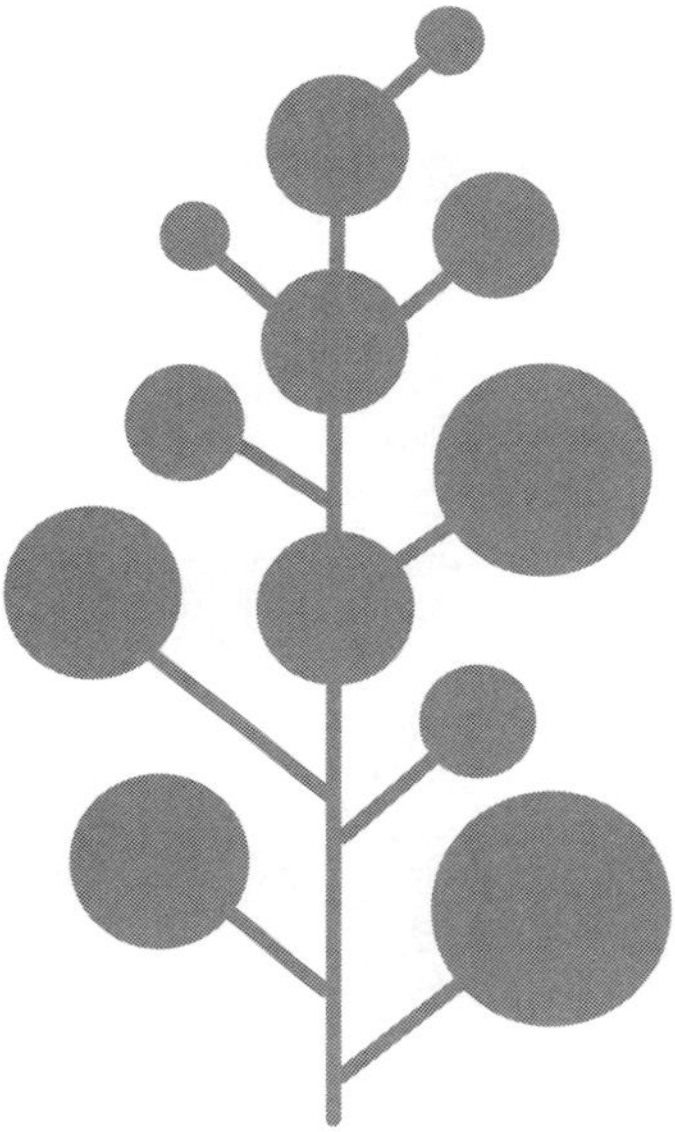

「クラウドファンディング」って何？

「クラウドファンディング」とは、銀行や投資家からお金を集めるものではなく、**「不特定多数の人から、インターネットを通して少額ずつお金を集める仕組み」**です。

「クラウド（Crowd）」とは、「群衆」という意味です。

これとよく間違われるのは、今流行の「クラウドコンピューティング」などで使う「クラウド（Cloud）」。こちらは「雲」という意味になります。

クラファンのクラウドは「群衆」であり、「雲」ではありません。

この「クラウド（Crowd）」と、「ファンディング（Funding）」の「資金調達」という言葉を合わせて、**「群衆から資金調達をする」**という意味の名称がクラウドファンディングになります。

「群衆からお金を集める仕組みは、昔からあったじゃないか」と思う人もいるでしょう。

クラファンが今までの資金調達と違うポイントは、インターネットの仲介サイト（以下、ＣＦサイト）が誕生することにより、**不特定多数の群衆からお金を集めやすくなった**点です。

アメリカでいえば、「Indiegogo（インディーゴーゴー）」が２００８年に始まり、世界最大の「Kickstarter（キックスターター）」は２００９年に立ち上がりました。

日本では、２０１１年に「レディーフォー」「キャンプファイヤー」「モーションギャラリー」がサービスを開始しました。

私はクラウドファンディングがより多くの人に届くように、もっと短い呼び名が必要だと思い、「クラウドファンディング」を略して「クラファン」と呼ぶことにしています。

クラウドファンディングとは？

ある日、佐賀県に住むおっこシングルマザー44才がクラウドファンディングの本と出会った。

クラウドファンディング？

クラウドファンディング
本をめくると、突然クラウドファンディングの案内人、G寅さんが現れた！

よ！

クラウドファンディングのことならおいらに任せとけ！

ビクッ！

では早速クラウドファンディングとは何ですか?
本の妖精さん?
おう! インターネットで沢山の人から共感でお金を集めるシステムのことだよ
Crowd 〈群衆〉
Funding 〈資金調達〉
私にも出来るかな? 私の夢は海外で日本文化を広める活動をする事です。クラウドファンディングの事をいろいろ教えて下さい!
それからG寅さんのもと、クラウドファンディングでプロジェクトを立ち上げる準備を始めました。
G寅さんここは?
そこはこうした方がいいよ!
PC
しかし・・・
このプロジェクトに共感して支援してくれる人はいるのか? このプロジェクトを実行する事は出来るのか?・・・と、不安やプレッシャーも出てきました。
不安
プレッシャー
ウォォ
そんな時、クラウドファンディングの本を読んだり、G寅さんやサイトの方に相談しながら進めていきました。
大丈夫!
応援します!
フムフム

タイトル
日本文化をNYで発信
楽しく「筆文字絵巻」作りを
体験してもらうプロジェクト!
実施期間
4/10~5/25
44日間
目標金額
160,000
プロジェクト概要
5W2H1M
支援者リストを作成して集まりそうな金額
画像
ビデオや写真を準備
リターン
自分らしさを意識しました
限定のオリジナル作品
Tシャツ
教室の参加券
プロジェクト開始!
Facebook
Twitter
口コミ
Blog
チラシ
新聞
よろしくお願いします!!
プロジェクトを知ってもらうために色んな広報をしました。
プロジェクトを開始した後も色々な方に声をかけてアドバイスを頂きました。
作ってみました。どうでしょう?
PC
いいね!ここは…
この後はこうしたら
結果
14日目で目標金額を達成!
新聞にとりあげられる
目標金額160,000
234,500円
支援者数40名
ありがとうございます!!
インターネットをしていない方も聞きつけて支援や応援をしに来てくれたり、
商品開発のマーケティングが出来たり、色々な繋がりを感じることができました。

クラウドファンディングの3つの種類

では、クラウドファンディングには、どんな種類があるのでしょうか？

クラファンは、**「購入型」「寄付型」「金融型」**の3つの種類に大別できます。

①購入型

「購入型」とは、**お金を出してくれた人（以下、支援者）に、その対価としてなんらかの見返り（以下、リターン）として物品やサービスを渡すこと**を言います。海外では「リワード型」と呼ばれています。

たとえば、時計をつくるプロジェクトがあるとします。そこに1万円の支援金を出せば、1万円のリターンとして現物の時計を送ったりします。

現在、**一般的に「クラウドファンディング」と呼ばれているものの多くは、この**

「購入型」のことを指します。本書もこの「購入型」に関しての構成になっています。

②寄付型

「寄付型」は、「購入型」とは違い、**お金を支援した人に対して経済的な見返りのないもの**を言います。いわゆる純粋な寄付です。海外では「ドネーション型」と呼ばれています。

アメリカでは「gofundme（ゴーファンドミー）」、日本では「ジャパンギビング」が有名です。

しかし、ジャパンギビングは、アメリカのゴーファンドミーなどと違い、お金を純粋に寄付するだけの方法と、「購入型」のように物品やサービスなどのリターンを渡す方法を選択することができます。

現状としては、**日本において「寄付型」と「購入型」との違いがはっきりしていない**とも言えます。

ちなみに、ジャパンギビングに起案できるのは非営利組織のみで、個人で行なうことはできません。

③金融型

最後に、CFサイト運営会社が行なう金融商品取引業の免許が必要な「金融型」です。**金融型は、3つの種類に分かれます。**

1つ目は、「**融資型**」です。海外では「ソーシャルレンディング」や「レンディング型」とも呼ばれています。

これは、**クラファンで集めた資金を、CFサイト運営会社が立案者に融資を行ない、その返済元利益の一部を支援者に分配する**という仕組みです。

この事業を行なうCFサイト運営会社は、「第2種金融商品取引業」の登録と「貸金業」の2つの登録が必要になります。

海外のCFサイトでは、「Lendingclub（レンディングクラブ）」が有名です。日本では、「クラウドバンク」や「マネオ」などがあります。

2つ目は、「**事業投資型**」です。海外では「レベニューやプロフィットシェア」「ロイヤリティー型」とも呼ばれています。

これは、**プロジェクトの成果をもとに、投資した割合に応じて金銭的な配当金を支援者に渡す**というものです。事業が失敗した場合は、配当金はありません。

CFサイト運営会社は、「第2種金融商品取引業」の登録を行なう必要があります。

日本では「ミュージックセキュリティーズ」が草分け的な存在です。

最後に「**株式投資型**」です。海外では「エクイティ型」とも呼ばれています。

これは、**個人が未上場企業に対してCFサイトを介して出資して、対価として株式を受け取る**という仕組みです。

この方法は、アメリカでは２０１２年に「ＪＯＢＳ法」で法制化され、日本では２０１５年５月に金融商品取引法の改正によって合法化されました。この法律により、１社当たり上限１億円、１人当たり最大50万円まで未上場企業の株式を購入できるようになりました。

また、これまでＣＦサイトは「第１種金融商品取引業」の登録が必要でしたが、「第１種少額電子募集取扱業」の登録になり緩和されました。

海外では株式投資型は極めて新しいものとなるので課題もあるかと思います。

今後、具体的な取引を通じて、ＣＦサイトも支援者も、この仕組みについての問題点や魅力を経験することを通じて、課題も整備されていくことになるでしょう。今後日本において注目される方法となっています。

この「金融型」の流れは、一見、支援者側の視点での動きで、クラファンを利用して資金調達する側にはあまり関係ないと思えます。しかし、これが促進されることに

クラウドファンディングの種類
購入型　支援者へ物品やサービス等を提供
支援者
寄付型　支援者への見返りはない
支援者
金融型　支援者へ株、利子、配当金等を提供
支援者
株
利子
配当
一般的にクラウドファンディングは「購入型」のことを指すことが多いよ！

より、**投資対象として**「**クラファン**」**が位置づけられる**ことを意味しており、資金調達する側にとっても、**資金調達がしやすくなる**可能性を秘めているとも言えます。

クラウドファンディングに向いているプロジェクト

そもそも「クラファンに向いているプロジェクトとは、どんなものなのか？」が気になるところでしょう。今までのクラファンの成功事例を見ると、そのヒントが隠れています。成功事例を分析すると、以下のような傾向が見えてきます。

たとえば、「**ものづくりを行なうための費用**」です。それは、本を作る、CDを作る、町工場が新商品をつくるなどです。

また、「**運営を継続するための費用**」です。老舗レストランやNPOの活動、図書館を継続するための費用などがそれに当たります。

さらに、「**渡航するための費用**」があります。事業を行なうための費用や外国のミ

クラウドファンディングに向いているプロジェクトとは？

もの作りを行うための費用

地域活性化の本を制作　音楽CDの制作　町工場が新商品を製作

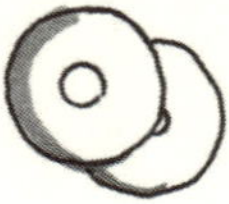

運営を継続するための費用

老舗レストランの継続　NPO活動の継続　図書館の継続

渡航するための費用

事業を行なうための渡航費用　海外ライブをするための渡航費用

物を購入するための費用
図書館の本の購入
ショップの家具の購入
新規事業の設備投資
Book
建築するための費用
途上国に学校を建築
カフェを開業
古民家を再生
School
Cafe
イベントを開催するための費用
お祭りの開催
映画の上映
個展の開催

ユージシャンを日本に連れてくる渡航費などです。

それから注目するものとして、「**新装オープンのために、ものを買う資金**」もあります。図書館の本を買う、ネイルサロンがインテリアを買うなどです。

その他にも、「**新規事業の投資**」「**建設するための費用**」として、発展途上国に学校をつくる、カフェを開業、古民家を再生するなどもあります。

「**イベントを開催するための費用**」で、主婦がお祭りを開催、被災地で映画を上映、アーティストの個展開催などにも利用されます。

ここで言えることは、おそらくほとんどの読者の**皆さんの考えている夢、やりたいことは、クラファンを活用することで実現できる**のではないかということです。

あなたの夢やアイデアを実現する上で、クラファンを利用しない手はないと言えます。**知らない分だけ、やらない分だけ損している**と言っても過言ではありません。

ぜひクラファンを上手に活用して、あなたの夢やアイデアを実現しようではありませんか。世界は、あなたの夢やアイデアを待っているのですから。

第1章

日本人のための
クラウドファンディング

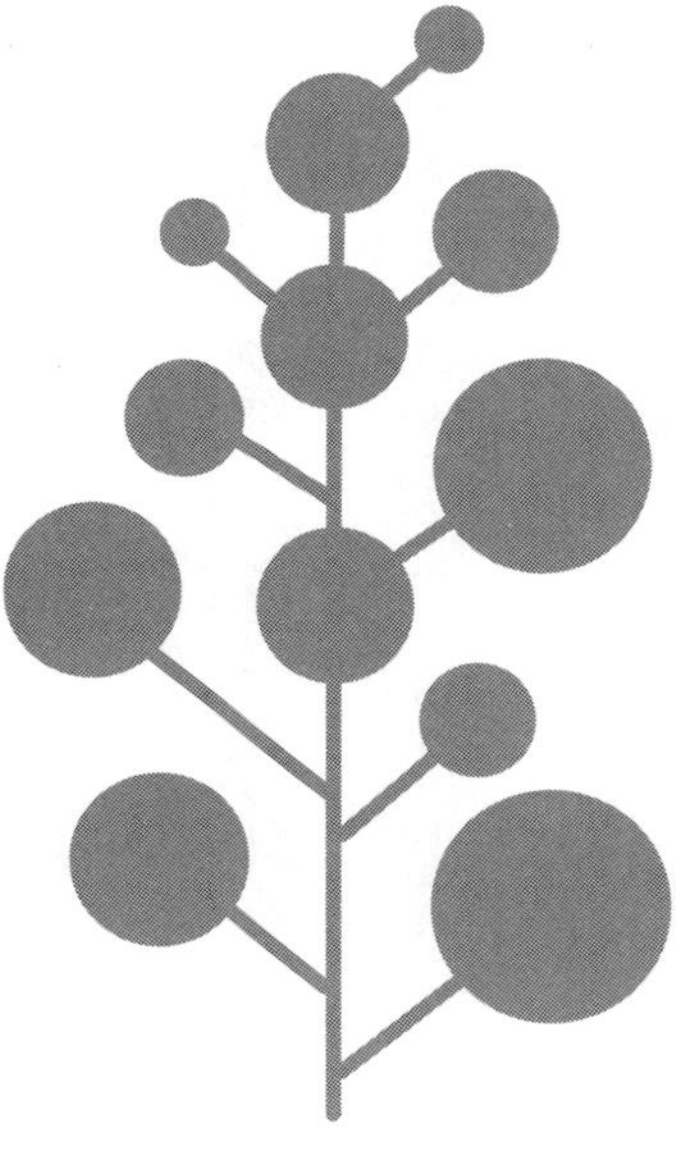

日本人は、クラファンを誤解している

アメリカと日本を行き来しながら、クラファン研究をしている身として、ある1つのことを感じています。

それは、海外から発生したクラファンという仕組みですが、**海外以上に、日本に向いている、広がる可能性を秘めている**という点です

「日本人のためのクラウドファンディング」というテーマに、私が着目した理由の1つは、**日本独自の商慣習や地域性**です。

それに対応したクラファンの使い方があるのです。

まずその手始めとして、日米を比較しながら、日本のクラファンの簡単な歩みを見てみましょう。

日本においてのクラファンは、アメリカから3年遅れて、2011年3月に始まります。

「共感をテーマに、社会をよくするクリエイティブな活動や新しいことに挑戦する人々を応援するクラウドファンディングサービス」として、「レディーフォー」が立ち上がりました。そして、6月に「キャンプファイヤー」、7月に「モーションギャラリー」という具合に、続々と新サービスが開始されました。

お気づきかと思いますが、ちょうどこの2011年は、東日本大震災が起こった年です。そのため、日本では復興を機にクラファンが始まったという印象があります。

当時のプロジェクトを見ると、「原発と放射能の見えない恐怖と知っておくべき本当の話」「～みんなの力で～東北元気玉弁当プロジェクト」「東日本大震災チャリティーフットサル大会〝DREAM TICKET CUP 3.11〟」など、社会貢献系のプロジェクトが多く見られました。

そのせいか、2014年の初頭あたりまで、私が日本でクラファンについて語ると、「ああ、寄付のやつでしょう」と言われました。

日本は、アメリカに比べて寄付文化が根づいていないので、「寄付」というと、とっつきづらいのかもしれません。

しかし、**クラファンは、一般的に「寄付」サイトではなく、「購入」サイト**です。

日本では、大きく誤解されていると感じています。

これから、クラファンが日本に広がる理由

日本独自の「商慣習」と「地域性」が、日本におけるクラファン活用のカギであると先述しました。

日本では、東日本大震災を経て、日本人同士の「絆」が注目されました。お互いに助け合うという精神を再確認したのです。

また、**日本人はもともと誠実な気質なので、「約束」をきちんと守ります。**

当たり前なのですが、海外では当たり前ではありません。これは、海外生活28年を経て実感したことです。海外では、約束を守る人なのかどうか、まず疑ってかからな

ければ身を守れません。悪気がなくとも、気が変わったり、忘れたり、勝手に変えたりすることは、ビジネスでも、プライベートでも、日常茶飯事で起こります。

一方、日本では、当たり前のように、お互いの決め事を守り、時間を守り、相手を尊重し、謙遜し、思いやり、安心して仕事、生活をしています。そうではない人は非常識と見なされ、社会ではやっていけません。

実は、クラファンを行なう上で、このような文化は、土台としてとても大切なことなのです。

また、21世紀は「**地方の時代**」が到来すると言われています。まさに、地方行脚をしていると、それを実感します。**日本の将来は、地方の活性化にかかっている**と感じました。

そして、講演会の参加者から意外なことがわかりました。

最初は、男性が圧倒的に多いと思っていました。しかし、**実際の参加者の半数くらいは女性**だったのです。まさに、これも時代の象徴でないでしょうか。

30代に転機を迎えた女性や、子育てもひと段落して、新たなキャリアに就こうとする女性が、クラファンに興味を持って参加しています。そういった地方在住の人々や女性たちが、クラファンで実際に立案し、資金を手にして自己実現を叶えています。

お互いを思いやる、まじめな気質の文化の中で、**地方の人々、女性たちの隠れた才能が活気づく**ことにより、日本は活性化すると思っています。

クラファンは、**アベノミクスの成長戦略の1つとして、政府としても後押し**をしています。

「ふるさと納税」という、地方を応援して、その寄付で特産品がもらえるという仕組みも、すでに日本に根付いてきています。

ところが、**ふるさと納税は、個人や新規参入の事業主が行なうのは難しい**のが現状です。そこで活用すべきは、クラファンです。**クラファンは、誰でも「ふるさと納税」的な活用をすることもできる**のです。

今後、新しい仕組みであるクラファンも、規制がかかってくる可能性もあります。

今の段階の、早いうちに挑戦すれば、**先行者利益を受けることができます。**何よりも、まだまだライバルが少ないので、今がチャンスなのです。

銀行・投資家からの資金調達より安心・安全

ここで少し、なぜ私がクラファンに注目したのかをお話しさせてください。

私は日本の高校を卒業後、１９８８年にアメリカへ渡りました。アメリカの大学を卒業後はニューヨークの出版社で働きました。

1年のサラリーマン生活後、「これからはインターネットの時代が始まる」と予測し、１９９５年にニューヨークで起業をしました。

当時、人々は「インターネットって何？」という感じでした。ちょうど今の「クラファンって何？」と同じ状況です。

独立して4年経ったとき、株式上場できるような大きなことをしたいと考えました。

「これからは日本のアニメやマンガがアメリカでも流行るだろう」と思い、アニメに特化した新会社をニューヨークに設立しました。

この頃はまだ、クラファンが世の中に存在しない時代だったので、お金を集めるためには、個人の知り合いやベンチャーキャピタルなどに頼らざるを得ませんでした。とはいえ、運良く7億円を超える投資を集めることができました。

しかし、いいときは長くは続きませんでした。2000年の終わりにネットバブルが崩壊し、そして2001年9月11日にニューヨークを襲った同時多発テロにとどめを刺されました。

目の前で崩れゆくワールドトレードセンター。あの同時多発テロが起こり、ほどなくして私の会社は倒産してしまいました。このときに投資の怖さを恐ろしいほど実感しました。

投資だったので、法律上は倒産すれば返却する必要がないお金です。しかし、私を信用してくれた投資家の方々を思うと、心が痛くて痛くて、仕方ありませんでした。

何度も死んでしまおうかと考えていました。その経験から、もう二度と人様からお金を集めるようなことはしたくないと強く感じていました。

その後は、アメリカに進出する企業や起業家、アーティストやパフォーマーなどに会社設立の手助けをするコンサルティング業を行なってきました。

スタートアップをお手伝いすると、いつも壁にぶち当たるのが資金の問題でした。**銀行や投資家に頼らずに、安全で容易な資金調達の方法**はないかと、クライアントのために頭をいつも悩ませていました。

2010年頃から、アメリカでは「クラウドファンディング」という言葉をよく耳にするようになりました。私のまわりでもクラファンでプロジェクトを実施する人が少しずつ増えていきました。

そんな流れの中、2012年からクラファンに関するセミナーをニューヨークで主催するようになったのです。

私自身も見ているだけではなく、**まずはやってみたい**と思いました。過去の苦い経験が頭によぎりましたが、**安全性と可能性を感じた**からです。

そこで始めたのが、2012年の「ジャパン・アート祭」というプロジェクトです。クラファンを利用して初めて資金調達に成功しました。

その後、私のコンサルティング案件でも多くクラファンを取り入れるようになりました。そして、2014年に「海外進出を目指す人のための『活動拠点』をNYにつくります！」というプロジェクトを立ち上げ、目標金額を4時間で達成しました。最終的には、目標金額の500%を超える260万円の資金を調達することができました。

このような経緯から、リスクを伴う銀行や投資家からお金を集めるのではなく、クラファンでの資金調達にたいへんな魅力を感じたのです。

また、やっていく中で、とても重要なことに気づきました。

資金を得るだけではなく、もっと多くのメリットがあるのです。

「お金」以外に得られる7つのメリット

クラファンで得られるのは、実はお金だけではありません。

もちろん、きっかけは資金調達かもしれません。資金がないと施設の建築はできませんし、商品の在庫も持てません。

しかし、クラファンを利用すれば、**お金以外にもさまざまな副産物を受け取ることができる**のです。

これまでクラファンで夢やアイデアを実現した人たちに多くの取材をしてきましたが、実は**資金調達を目的にやっている人は、日本にはほとんどいない**ということがわかりました。

では、お金以外に得られるものは何なのか？

実はこのメリットを、ぜひ日本の読者の皆さんに知ってもらいたいのです。

①予約販売サイトとして利用できる

まずは、自分の売りたい商品やサービスが、**オープン前に「予約注文」を取れる**という点です。

実は、アメリカ人に「クラウドファンディングって何？」と聞くと、彼らは「ああ、予約販売サイトね」と言います。**アメリカ人にとってクラファンとは、予約販売サイトのようにとらえている**のです。

私自身も普段身に着けている腕時計は、世界最大のＣＦサイト「キックスターター」で買いました。木目が好きで、「本物の木を使った時計がないか」とインターネットでサーチしていたら、ちょうどキックスターターで「木材を使った時計メーカーを作る」というプロジェクトが立ち上がっていました。

「これ、おもしろい、かっこいい！」と思い、支援、購入をしたのです。アメリカ人にはこのような利用の仕方をしている人が多いのです。

②テストマーケティングが行なえる

クラファンを利用すると、「テストマーケティング」が行なえます。**プロジェクトを実行する前に、顧客のニーズを把握することができる**のです。そのため、**在庫リスクや販売不振を大きく軽減することができます。**

言い換えれば、クラファンで人気がないプロジェクトは、たとえ商品化、サービス化しても、そもそも売れない商品、サービスであることが事前にわかるのです。

たとえば、ある商品を世の中に出す場合、販売するまで顧客のニーズはわかりません。商品を出した後に、「あの色がいい」とか、「こういう形がいい」とか、「こういう機能があったらいい」という意見があっても、世に出回ってしまってからではもう遅いのです。

クラファンでは、プロジェクトがネットに公開されると、**リアルタイムで支援者から生の声を聞くことができます。**情報は不特定多数に公開されているので、幅広いユーザーから直接声を聞くことができます。

販売する前の段階で、顧客から直接さまざまな情報を収集できるわけです。

「クーラーボックスの色が、赤でダサイよね。黒もあったほうがいいんじゃない」とか、「時計のバンドは、自由に取り外しができたほうが便利でいいのではないか」などと、販売前に思いもよらない情報が寄せられるのです。

③販売ルートの開拓ができる

通常の販売では、営業マンなどを使って販売ルートの開拓をする必要があります。しかし、クラファンで話題になれば、**販売店のほうから直接声をかけてくる**ケースが多いのです。

伊勢丹などの大手デパート、ドン・キホーテやツタヤなども、CFサイトと提携をして、顧客に人気のある商品をより早く入手したいと考えています。

たとえば、「時計業界に新風を！　日本製のプレミアムな腕時計を1万円台から気軽にカスタムオーダー」というプロジェクトでは、終了後すぐに、渋谷の商業施設ヒカリエの1階正面玄関入口でポップショップの出店が実現しました。
大手デパート、小売店などから直接声がかかり、販売ルートを開拓することもできるのです。

④応援者を集めることができる

クラファンを利用すると、**お金だけではない応援者が現れる**点も大きなメリットです。

たとえば、本を出版するプロジェクトを立ち上げたとします。不特定多数にその活動をアピールすることで、応援してくれる人が現れます。

支援者の中から、「表紙の写真を撮りましょうか」と申し出るカメラマンが出てきたり、「本の販売をお手伝いしましょう」というボランティアが現れたり、「印刷所を紹介しますよ」という業界に精通した人など、さまざまな応援者が現れ、あなたのプロジェクトを**お金以外でも支援してくれる**ことがあります。

⑤将来の上客の確保やファンの囲い込み

またプロジェクトを事前に告知するというクラファンの特性上、将来の上客やファンを囲い込むことができます。

たとえば、「渋谷に夜の図書室を！　＠道玄坂に本と人がつながる場所を作ります」というプロジェクトでは、５００円から支援ができ、２０１４年当時では日本最多支援者数の１７３７人を獲得しました。

８０００円からなれる会員権を目当てに**８７４人の支援者**を獲得、オープン前から十分な会員数を獲得することができたのです。

このように、プロジェクトを応援してもらう人たちを事前に集めることができます。

また、これらの顧客は、オープン前からプロジェクトにかかわっていることから、あたかも自分のプロジェクトのように、**「自分事」として愛着を持ってくれます。**彼らを後々の上客として見込むことができます。これが、応援者やファンの囲い込みです。

⑥メディアの露出が増える

さらに、クラファンで資金を調達しているということで、普段はメディアなどに注目されないような個人の取り組みが、**大手出版社やローカルテレビ局の取材**を受けたり、**コミュニティで話題**になったりもしています。

たとえば、地方の町工場が、「これまでにない新しい商品を作ります！」と言ったところで、なかなか記事にされることはありません。

しかし最近では、**マスコミも、「なにか新しいネタはないか」という目的で、CFサイトをまめにチェック**しています。

クラファンで行なっているプロジェクトだと、ある意味、公共性や信用性があり、メディアなどに掲載される可能性が高いのです。

⑦社会的信用やブランド構築に役立つ

公共性に関連しますが、「クラファンでの資金調達には透明性がある」との定評もあり、**社会的信用がアップ**したという話も聞きます。社会的信用とブランドが構築できるのです。

たとえば、私のプロジェクトは「海外進出を目指す人のための『活動拠点』をＮＹにつくります！」と、私のことをまったく知らない人に説明をしても、「本当にニューヨークにあるの？」「人が集まっているのだろうか？」などと思われるかもしれません。

しかし、クラファンを利用すると、プロジェクトを立ち上げたときの情報が、その後もネット上にずっと残っています。今でも「グローバルラボ」で検索すると、プロジェクトの詳細がインターネット上で公開されています。

そのため、知らない人でもネットで調べればすぐに、グローバルラボが創設時にクラファンで賑わったのがわかります。見た人は、「ああこんなに支援者がついて、これだけのお金が集まっているんだ」と信用してもらえる要素になります。

初めてビジネスを行なう人には、信用性を高める大きなメリットになるでしょう。

クラウドファンディングの目的
お金だけではない・・
クラウドファンディングを資金調達だけでやるのはもったいない！
資金調達
テストマーケティング
予約販売
メディア掲載
PR
プロジェクト
営業
販売ルート開拓
技術支援
応援者
上客・ファンの囲い込み
社会的信用
ブランド効果

このようにクラファンは単に資金調達をするということ以外に、さまざまな大きなメリットが得られることがわかるでしょう。

このすばらしい仕組みが、**もっともっと日本に広まれば、より多くの人がクラファンで夢を叶えられる**と強く思うのです。

隠れた才能やアイデアに光が当たり、社会に大きな貢献をしてくれる可能性を秘めていると思うと、ワクワクしてきます。

日本ならではの注目カテゴリー、発見！

日米双方の現場に入ってクラファンを研究していると、日本ならではのクラファン発展形があることがわかってきました。

まずはアメリカで人気のあるカテゴリーと、日本で人気のあるカテゴリーとの違い

日本とアメリカでは、人気カテゴリーがこんなに違う！

2014年カテゴリー別に見る調達総額と掲載数

	日本			アメリカ	
	調達総額	掲載数		調達総額	掲載数
1位	音楽	音楽	1位	テクノロジー	音楽
2位	映像・映画	映像・映画	2位	デザイン	映像・映画
3位	プロダクト（工業製品・商品など）	アート	3位	ゲーム	出版
4位	コミュニティ	プロダクト	4位	映画	ゲーム
5位	フード	コミュニティ	5位	音楽	アート

出典：「キックスターター」と「キャンプファイヤー」のデータを元に著者が作成

注目すべきは、「コミュニティ」「フード」「プロダクト」！

を見ていきましょう。

日本大手の「キャンプファイヤー」と世界最大手の「キックスターター」は、毎年1年のまとめを発表しています。

それによると、2014年度のクラファンにおける人気のカテゴリーは掲載案件数と調達総額ともに、**1位「音楽」**、**2位「映像・映画」**です。この順位は、日米ともに変わりはありません。

しかし、**3位以下は、日米で違いがある**のがわかります。

まず掲載数で比べると、キャンプファイヤーは、3位「アート」、4位「プロダクト（工業製品・商品）」、5位「コミュニティ」となります。キックスターターでは、3位「出版」、4位「ゲーム」、5位「アート」になります。

次に、調達総額で見ると、日米で大きく変わります。

キャンプファイヤーでは、1位「音楽」、2位「映像・映画」、3位「プロダクト」、4位「コミュニティ」、5位「フード」となります。

これに対して、キックスターターでは、1位「テクノロジー」、2位「デザイン」、3位「ゲーム」、4位「映画」、5位「音楽」となっています。

ちなみにキャンプファイヤーでは、このテクノロジーとデザインは「プロダクト（工業製品・商品）」のカテゴリーになります。したがって、キックスターターでは圧倒的に、調達総額による1位は「プロダクト」になるということがわかります。

地域活性化の一役を担うカテゴリー「コミュニティ」

ここで私が注目したいのは、「**コミュニティ**」「**フード**」「**プロダクト**」です。この3つの分野の成長が、日本ならではのクラファンの発展形になると考えています。

まず「コミュニティ」では、以下のような案件があります。

◎「島根県隠岐島の海士町中央図書館にみんなで本を贈ろう！」
◎「年貢を納めて村民に⁉　シェアビレッジ町村、村民1000人募集します」
◎「学びを通じて幸せな大人を増やしたい！　岡山駅前に勉強カフェオープン‼」
◎「陸前高田のコミュニティカフェ『りくカフェ』を仮設から本設へ！」
◎「保護猫カフェネコリパブリック東京を御茶ノ水にOPEN！　保護猫達が人と触

れ合い幸せになるチャンスが生まれる最高の場を作りたい」

「コミュニティ」とは、図書館やゲストハウス、コワーキングスペース（共同スペース）などをつくるという日本独自の案件です。

これは、アメリカでは見受けられないものです。

意外と盲点なのですが、**「人が集まる場所」をつくるプロジェクトとクラファンとはとても親和性があります。**

特にこれからの時代に合った「**地方活性化**」**の一役を担う**のではないかと考えています。

事例

クラファンなら、都心から資金調達ができる

プロジェクト名 年貢を納めて村民に⁉
シェアビレッジ町村、村民1000人募集します

「最近疲れていませんか？　秋田県出身の僕は東京に住んで7年、毎日ヘトヘトです。そんな時に思い出すのが故郷の風景です」と始まるこのプロジェクト。

秋田出身で現在は東京に住んでいる武田昌大さんが、「年貢を納めて村民に⁉」という大胆なタイトルをつけました。

初めてこのプロジェクトを見たとき、私は「クラファンで村民になれるの⁉」と驚きました。

でも、実はこの企画は「村民」になるような行政的なものではなく、秋田県の五城

地方発プロジェクトで、都心から資金調達

目標 100 万円／期間 45 日間／結果 571 万円、862 人
⇒大成功

目町にある築133年の茅葺古民家を村に見立てたものだったのです。古民家の再生プロジェクトです。

「年貢」と呼ばれる年会費を納めれば、誰でも村民になれるというアイデアです。

村民になると、宿泊ができたり、田舎体験をしたり、村民同士で楽しんだりすることができます。いわば、**仮想的な第二の故郷が持てるプロジェクト**です。

プロジェクトは2015年2月27日から4月17日までの45日間で、目標金額100万円でスタートしました。

結果、このネーミングにそそられてか、開始

後、32時間で目標を達成、なんと571万円もの大金を862人から支援を集めました。CFサイトは、決済方法が多いという理由で、サイバーエージェントが運営する「マクアケ」を利用しました。

武田さんがクラファンやろうとした理由は、地元秋田の貴重な茅葺古民家が潰されてしまうことを知ったからでした。**日本の原風景を、次の100年も残す仕組み**が必要だと思ったと言います。

これまでに武田さんは、2回クラファンでの挑戦をしています。資金を集めるということよりも、幅広くPRとファン作りができる可能性に、クラファンの魅力を感じていました。

2回のクラファン経験をして、3度目で大成功

武田さんの1回目の挑戦は、2011年3月のことでした。CFサイトの「レディ

1回目は、残念ながら大失敗！　その原因は…

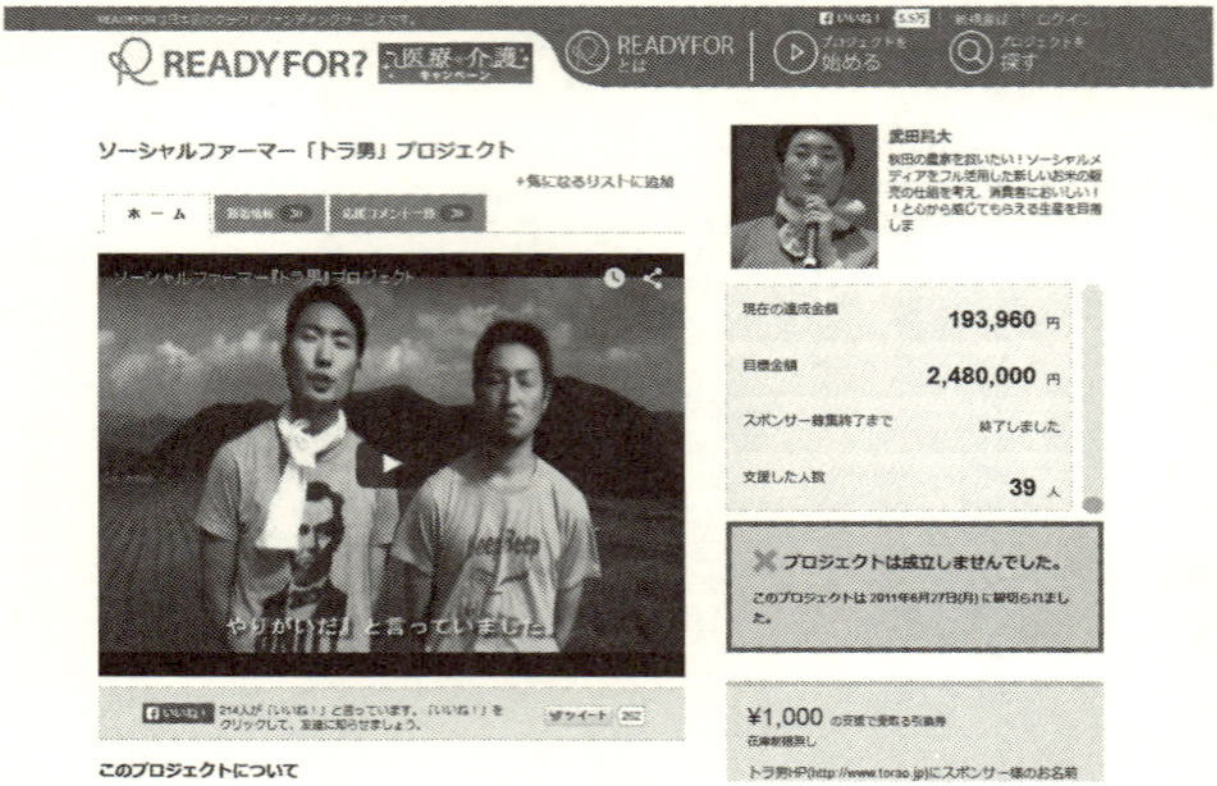

目標 248 万円／期間 90 日間／結果 19 万 3000 円、39 人
⇒失敗

2回目は、プチ成功！　成功の要因は…

目標 80 万円／期間 17 日間／結果 101 万円、142 人
⇒プチ成功

ーフォー」の開始1号案件の1つとして、「ソーシャルファーマー『トラ男』プロジェクト」とタイトルをつけたのです。目標金額は248万円でしたが、結果39人から19万円しか支援を受けられずに、大失敗しました。

2回目は、2012年7月24日に開始しました。17日間の短い期間でCFサイト「キャンプファイヤー」を利用したのです。「農民とあなたがつながる新しいコミュニティ『トラ男一家』プロジェクト」と題しました。結果、目標金額は80万円で101万円を142人から支援してもらいました。本人曰く、ここで「プチ成功」をしたのです。

クラファン成功の3大ポイント

この3つの事例で私が注目するのは、「**開催期間の設定**」と「**目標金額の設定**」、そして「**タイトルの付け方**」です。これらが、いかに成功に導くものなのかがわかります。

まず、**「開催期間」**に関して、1回目は90日間、2回目は17日間、そして3回目は45日です。このように**開催期間は、長すぎても短すぎてもうまくいくというものではありません。**私が**推奨するのは45日間**です。開催期間については157ページで詳述します。

2つ目は**「目標金額」**です。

1回目は、「クラファンの目的は資金」ということもあり、必要な額すべての248万円という設定をしました。実際のところ、日本でクラファンが誕生した最初のプロジェクトだったこともあり、200万円超えは難しかったのかもしれません。

2回目は、その失敗をふまえて80万円とぐっと謙虚に目標金額を下げて、目標金額を達成しました。

武田さんは、このときに、「クラファンは資金調達だけのものではなく、PRやファン作りに役立つ」と感じたと言います。

そして3回目は、お金が目的ではないということで、100万円という金額設定で目標を達成しました。この「目標金額の設定」については、128ページで解説します。

そして、今回の勝算でもあった「**タイトル設定**」です。

見てもらえば一目瞭然かと思います。あなたなら、どのプロジェクトに共感しますか？　もう一度書き並べてみます。

1回目「ソーシャルファーマー『トラ男』プロジェクト」

2回目「農民とあなたがつながる新しいコミュニティ『トラ男一家』プロジェクト」

3回目「年貢を納めて村民に⁉　シェアビレッジ町村、村民1000人募集します」

まず1回目の「ソーシャルファーマー『トラ男』プロジェクト」は、「何??」という感じですよね（笑）。**誰が、何を、どこで、どこまでやりたいのか**が伝わってきません。このプロジェクトの内容は、ソーシャルメディアを活用する秋田の若手農家集団「トラ男」が、安心できる最高のお米を直販したいというプロジェクトでした。

タイトル付けのポイントは、ひと目見て、何をやりたいプロジェクトかがわかり、「これはおもしろそうだ!」「応援したい!」「買ってみたい!」と思うようなものにしなくてはいけません。

2回目は、「あなたがつながる新しいコミュニティ」「トラ男一家」というキーワードが入り、より人々に「自分事」であることが伝わった案件でした。その結果、かろうじて100万円を超えるようなプロジェクトになったと思います。

そして3回目は、タイトルを見た誰もが、「なんだそれ? なんだかおもしろそう!」と思わず注目してしまうような見事なタイトルでした。私自身もこのタイトルにつられて、プロジェクト開始直後から注目していました。結果、500万円を超える大成功へと導かれました。

成功するタイトルの文字数

タイトルは、文字量も大切になってきます。私の研究の結果では、**最も成功する文字数は30〜40文字**です。短すぎても長すぎてもダメなのです。

今回のプロジェクトでは、1回目は21文字です。2回目と3回目は、共に33文字です。

ちなみに、私が実験的に行なった1回目の「全米最大級の日本の芸術祭『JAM』、ユーストで日米をつなぐ」というプロジェクトは28文字です。そして、2回目の「海外進出する人のための活動拠点をNYに作ります」というプロジェクトは33文字で成功しました。

このように、いかにタイトルを付けるかが大切かわかります。タイトル付けについては、126ページでも解説します。

47都道府県を巻き込めるという魅力

最後に、このプロジェクトを紹介したかった最大の理由は、**クラファンは全国から応援者を集めることができる**という点です。

実際、武田さんもこのプロジェクトを秋田だけでは終わらせたくなかったので、クラファンを利用しています。

では、実際にどのような人が支援をしてくれたのかをデータ分析してみましょう。

まずは、**最も多く支援してくれた年齢は31歳**でした。**平均的には20代後半から40代前半**が中心で、**男女比率では59対41の人**が支援してくれたそうです。この支援者の男女比率や年齢層の平均は、日本においての典型的なデータとなります。年齢別、性別、家族別に見るデータ検証については、96ページでも解説します。

そして、**注目したいのが、地理別データ**です。

今回のプロジェクトとトでは、関東から58％、東北から34％、その他数パーセントずつと、**47都道府県中、39都道府県から支援**を得ることができました。

これは、インターネットにより不特定多数で支援者を集めるというクラファンならではの数字かと思います。

さらに注目したいのは、秋田、東北のプロジェクトであるにもかかわらず、**最も支援してくれたのは東京**である点です。順位は以下になります。

◎1位　東京……337人
◎2位　秋田……222人
◎3位　神奈川…99人

◎4位　埼玉……44人
◎4位　千葉……44人

地域別にみると

◎関東……522人
◎東北……255人
◎関西……30人
◎中部……26人
◎四国……11人
◎九州……7人
◎中国・北海道……5人

という結果になりました。

これは、このプロジェクトにかかわらず**現在のクラファンにおける資金の流動は、主に東京を中心とした関東**になるというデータが出ています（クラウドファンディング総合研究所調べ）。

したがって、**東京からもお金が集まるような内容に作り込むことが重要**になってきます。

たとえば、その場所に実際に行かなくても受けられるサービスです。このプロジェクトでは、実際に秋田まで行かなくても、東京での定期交流会「寄合」への参加が可能となるリターンが設定されています。

このプロジェクトでは、全国各地からの多くの村民を集めることができました。これらの**支援者は今後、上客となり、さらにこのプロジェクトを盛り上げてくれる**ことになっていくでしょう。**事前の集客に、クラファンはとても効果的**であることがわかります。

最後に、武田さんからのこれから挑戦される人へのアドバイスをご紹介します。

「一にも二にも大事なことは共感。やりたいことが誰をどう幸せにするのか、なぜやるのかを徹底的に考えること。そして、ソーシャルメディアを活用して、多くの人を巻き込むことが大切だと思います」

名産品の多い日本ならではのカテゴリー「フード」

日本においてフードは、掲載数では9位と高くはないのですが、支援額でみると5位にランクキングされています。

日本では、全国各地に名産品や日本独自の食文化や地方限定のB級グルメなどがたくさんあります。また、日本酒や焼酎なども、世界では注目されています。

たとえば、

◎「それでも『世界一うまい牡蠣』を食べてみたいというアナタに贈るプロジェクト」
◎「日本酒とあなたの新しい出会い！　オリジナル日本酒『First Kiss』」
◎「日本一の馬肉専門店で、石釜で焼いた最高のローストホースを食べさせたい！」
◎「『幻の牛』といわれている尾崎牛を多くの人に届け世界ブランドに育てていきたい！」
◎「九州の厳選素材を使った無添加スイーツがたっぷり詰まったメイソンジャーをお届けします」

などの数々の成功事例が誕生しました。

フードプロジェクトは、主となるリターンがそのフードそのものになるため、お取り寄せ感覚で支援者が増えていくものと注目しています。

「ふるさと納税」のごとく、今後は全国各地の隠れた名産を、日本中どこでも気軽に購入するためにクラファンが利用されていくでしょう。

事例

「ふるさと納税」的なクラファン活用法

プロジェクト名

九州の厳選素材を使った無添加スイーツがたっぷり詰まったメイソンジャーをお届けします「ジャーケーキ専門店」

九州で採れる食材をメインに使ったこだわりの無添加スイーツを、アメリカ製のガラス製保存瓶「メイソンジャー」で全国へ提供する。

このプロジェクトを立案したのは、熊本生まれの福岡在住の内村光一さん。スイーツの企画なので、デザート職人なのかと思いきや、内村さんは広告デザインやマーケティング会社の経営者です。

ではなぜ、そのようなキャリアの人がこのプロジェクトを行なったのでしょうか。

九州の厳選素材を使ったスイーツを全国へ

内村さんは、ハワイに通う仕事をしていました。その仕事を通じてアメリカの文化や製品に触れ、そのコンセプトに共感しました。同時に、地元である九州の豊富な食材と雄大な自然に大感動。いつからか、双方をつなぐことのできる活動ができないものかと思案したそうです。

福岡糸島産の卵、熊本阿蘇産の牛乳、宮崎産のフルーツなど、九州には全国に誇る味がたくさんあります。

そんな九州生まれの食材をメインに使ったおいしい無添加スイーツを、多くの人へ提供したいという思いで始まりました。

しかし、**ケーキの通販と言えばこれまで、運搬時の形崩れや短い賞味期限の問題と**いった壁がありました。

そこで、これらを解決する手段として、最近日本でもお洒落なカフェやショップで人気となっている「メイソンジャー」をケーキに入れる容器として使用することを考えました。瓶に入ったケーキは、アメリカでは「ジャーケーキ」として定着しており、かわいらしい外見と合わせて高い密閉性があるため、通常のケーキと比べて長期保存が可能です。

九州の厳選素材を使ったこだわりスイーツを、できたてそのままの味で、好きな場所、好きなときに楽しむことができるのです。

このプロジェクトを通して、日本では品薄のメイソンジャーをアメリカから直輸入し、地元九州へも貢献することができたらと思ったのです。

「クラファンをなぜ利用したのか」を内村さんに聞くと、「**クラファンで先に希望者を募ることで、受注生産が可能**となり、無駄な在庫やリスクを抱える必要がなくなります。また、決まった数量のメイソンジャーをまとめてアメリカから輸入することで単価を落とすこともできると考えました」と答えてくれました。

連続的クラファン利用で、通販のように使える

では、どのようにこのプロジェクトを広めていったのでしょうか？

このプロジェクトでは、連続的にクラファンを通販サイトのように利用しました。CFサイトを選ぶポイントとして、内村さんは、既存ユーザーの利用者層や掲載されていた他のプロジェクトのジャンルを参考に選定しました。

最初に選んだCFサイトは「キャンプファイヤー」でした。60万円を目標に2014年9月25日から10月24日までの30日間で行ないました。結果、目標金額を上回る87・7万円を107人から集めました。

そして、終了後すぐに、今度は「マクアケ」で開催。目標金額は同じく60万円。12月2日から12月26日までの25日間で開催し、134・7万円を161人から集め、前回を上回る結果となりました。

連続クラファン1回目は「キャンプファイヤー」で

目標 60 万円／期間 30 日間／結果 87 万 7000 円、107 人
⇒成功

連続クラファン2回目は「マクアケ」で

目標 60 万円／期間 25 日間／結果 134 万 7000 円、161 人
⇒成功

連続クラファン3回目は「グリーンファンディング」で

目標 60 万円／期間 30 日間／結果 138 万 9000 円、179 人⇒成功

3回目もすかさず終了の20日後に、「グリーンファンディング」で実施。結果は、過去最高の138・9万円を179人から集めることができました。

このように、クラファンを連続的に利用することによって、360万円以上のお金を集めることに成功したのです。

サイトを使い分けた理由は、「より多くのユーザーに知ってもらうため」と内村さんは言います。1つのCFサイトだけではなく、**複数のサイトを使うことにより、異なるユーザーを開拓することができる**のです。

地方なのに、都心からお金が集まる

注目すべきは、**支援者の内訳**です。

このプロジェクトの拡散方法は、インスタグラムやツイッターを中心としたＳＮＳを利用しました。そのため、ほぼ１００％が見知らぬ人からの支援でした。最も支援してくれた年齢層は30代の女性。男女比率的に見ると、男性10％、女性90％です。

支援者の居住地は、東京を中心とする関東地方が大半で、なんと80％の支援があったそうです。地元九州からはほとんど支援はありませんでした。

このように、クラファンはまるで「ふるさと納税」のように、地元からのお金ではなく、**都心からのお金を集める**ことができます。

ふるさと納税といえば、行政が絡むため、なかなか個人や新規の事業主が参加をするのは難しいのが現状です。

しかし、この事例のように、**クラファンを連続的に利用することにより、地元以外のところから継続的に資金を集めることができる**のです。

コストなしで、事前に市場調査

「プロジェクトを行なう上で不安はなかったか？」と聞くと、「通常のビジネスのようなリスク（自己資金での設備投資や在庫による負債など）がなく、また将来の店舗展開を見据えた市場調査にもなるため、不安はありませんでした」とのこと。

このようなフードのプロジェクト場合は、味は実際に食べなければ伝わらないことが多くあります。そのため、メイソンジャーの利用価値をビジュアル面で訴求することに注力したそうです。その結果、「瓶入りケーキ」という新たな市場の開拓をすることができました。

このように、新しい商品やサービスであっても、**クラファンを使うことでビジネス**

リスクが限りなくゼロになり、コストをかけることなく、事前に市場調査ができます。「受注生産型の予約販売サイト」としての側面も持っており、**「販促プロモーション」としての利用価値も高い**ので、アイデアを持った個人に絶好のツールとなります。

通販プロジェクトがリアル店舗に

最後に、内村さんは、「本プロジェクトのメインは通販での販売となりますが、同時に、リアルの店舗展開も検討しています」と今後の抱負も語ってくれました。

実際、先述した「時計業界に新風を！　日本製のプレミアムな腕時計を1万円台から気軽にカスタムオーダー」も、このプロジェクトによって、時計を作る資金集めに成功して、時計の新会社が立ち上がりました。

そして、わずか半年後に2回目のプロジェクト「カスタムオーダー時計のKnotが直営店オープン決定！　永久会員を募集します！」として、直営店をつくる企画を立てました。すると、1回目の倍の金額の1094万円と倍の支援数の517人から支援を受けて、見事に直営店をオープンした事例もあります。

まさに、**クラファンがなければ商品も世に出ませんでしたし、お店も実現しなかったでしょう。**

今後、内村さんは第3、4との挑戦をクラファンで仕掛けてくるでしょう。なんだかワクワクしませんか。

最も伸びるカテゴリー「プロダクト」

掲載数で3位になった「**プロダクト**（**工業製品・商品**）」**は、今後最も伸びるカテゴリー**だと断言できます。

先述したように、海外でクラファンと言えば、「新商品の発表の場」であり、「予約販売サイト」として認識されています。

アマゾンやヤフオク！などを見る感覚で、**クラファンでショッピングする人が増えてくる**でしょう。海外では、アマゾンで販売するよりもクラファンで先行販売するのがブランドとなり、トレンドになっています。

今後は、**ものづくり大国日本ならではの独自性のある商品が続々と出てくる**ことを、大いに期待しています。

◎「世界最小！『Qrio Smart Lock』で世界中の鍵をスマートに」

◎「ダサいLEDは終わりにしよう！　フィラメントをLEDで再現、美しい電球を広めたい」

◎「世界初！　メッセージが届くとスマホが香る『ChatPerf』」

◎「モバイルバッテリーで温まるウェアの制作に挑戦！」

◎「世界に一つだけ！　鮮やかな押し花を使った、ハンドメイドのアートケース for iPhone」

2013年からサイバーエージェントが始めたCFサイト「マクアケ」では、最高支援金額の上位10位のうち7件が「プロダクト」のカテゴリーでした。「キックスターター」のような使い方がマクアケには多く見受けられます。

これまでになかったような時計やバックパック、LED電球などの新商品の成功事例を挙げています。

このように、今後、日本においてもアメリカのように、この「**プロダクト」の案件数が増えてくれば、日本のクラファン市場の支援額は大きく伸びてくる**と思われます。

また、日本の地方には隠れた名品がたくさんあります。日本こそ「ものづくり」の強い国なので、今まではどうしても先行投資が必要だった新製品が、クラファンによって実現されていくでしょう。

マスマーケットへのアピールだけではなく、**ニッチなマーケットに対してアピールできる**のも、クラファンの特長です。

「ここでしか買えない珍しい時計」など、クラファンと「プロダクト」の親和性はとてもいいのです。

今後、**日本のクラファンの市場規模拡大を牽引する「プロダクト」に大きく期待しています。**

日本ならではの成功事例「赤ずきんのアイシャドウ」

日本ならではの成功事例としてご紹介したいのは、2015年2月時点で日本の最多支援者数を誇ったプロジェクト「童話モチーフコスメ第一弾『赤ずきん』をイメージしたアイシャドウを製品化したい」です。

この事例には、日本ならでは特徴があります。

このプロジェクトは、若者を中心として人気のあるイラストレーターのTCBさんが発案した「おんなのこのためのおんなのこによるコスメティックを世に送る」とい

注目の成功事例「赤ずきんアイシャドウ」

10代、20代前半の女性に支持されたのは、日本ならでは！

うプロジェクトです。

このプロジェクトをプロデュースしているのは、過去に数回クラファンで商品を世に出しているものづくり集団「作るよ」こと、株式会社フレントレップです。

このプロジェクトは、２０１４年12月24日に開始して、２０１５年２月16日までの55日間開催されました。

開始後からすぐに10代、20代前半の女性を中心に支持されました。そして、開始29日目に、これまで「渋谷の森の図書室」(前出)の記録だった１７３７名を超えました。ちなみに、この日を待ちに待っていた私は、栄えある１７３７人目で支援をさせていただきました（笑）。

実際、この企画でアイシャドウを購入した女子大学生に話を聞いてみると、「価格も安く、色がとても私たち好み」だということでした。私のようなおじさんにはわからない世界ですが、彼女たちのニーズにピタリとはまったようです。

クラファン支援者層を日米比較

では、私がなぜ**このプロジェクトが日本独自のもの**だと考えるのか。

それは、支持層に注目したからです。

アメリカにおけるクラファンの主な支援者層は、30～40代の男性です。

そのため、この支持層にターゲットにしたプロジェクトがより成功すると言われています。これは、「キックスターター」のデモグラフィックデータを見てもわかります。

アメリカの支持層と日本の支持層は違う!?

アメリカの支援者層

年齢別

- 男性　73%
- 女性　27%

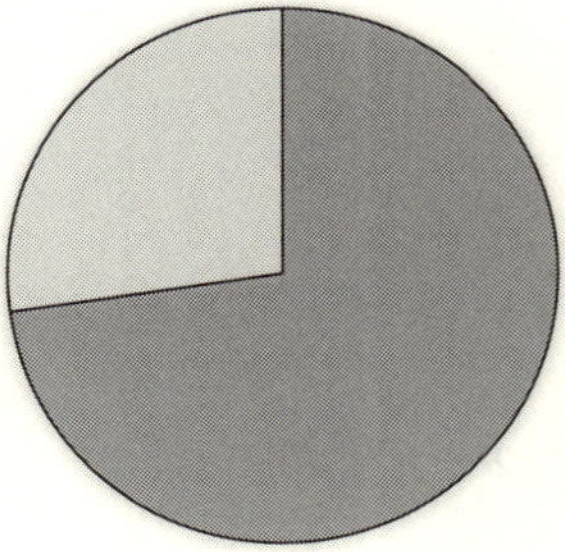

年齢別

18歳以下	13%
18～24歳	18%
25～34歳	28%
35～44歳	21%
45～54歳	12%
55～64歳	5%
65歳以上	2%

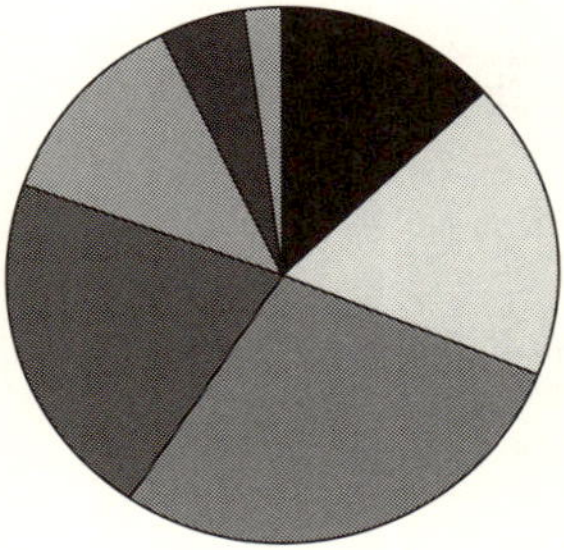

アメリカは、30～40代の男性がメイン。
一方、日本は……(!?)

出典：kickstater.com Trafific and Demographic Statistics by Quantcast

支援者の男女比率は73対27で、年齢層は25～34歳が28％、35～44歳は21％が主な支持層になっています。

また、子どもがいる人は45％と家族持ちが多いというデータが出ています。

したがって、世界最大のＣＦサイト「キックスターター」の主なプロジェクトは、この層をターゲットにしたプロジェクトが、成功率が高いと分析できます。

では、なぜ日本では、若い女性をターゲットにしたプロジェクト「赤ずきんアイシャドウ」が成功したのでしょうか？

私は２つの要因に注目しました。

「ネットの世界」での発信力で、コアターゲット攻略

１つは、**若者を中心にしたツイッターで拡散に成功**したことです。

ＴＣＢさんの当時のツイッターのフォロワー数は５・５万人強でした。

プロジェクトは、ツイッターから始まった

そして、このプロジェクトの実写ビジュアルモデルとして起用されているのは、コスプレの世界では知る人ぞ知る「てぃ丸」さんです。彼女のフォロワー数は1・5万人強です。

2人のフォロワー数を合わせると、7万人を超える発信力があります。

この発信力を利用して、2014年初夏からアイデアをつぶやき、9000以上のリツイートと1万8000以上のお気に入りを獲得されていました。

やはりクラファンにおいては、この**「ネットの世界」での発信力**が重要にな

ってきます。

また、「オタク」「ギーク」「マニア」という、ある意味ニッチな層にしっかりと刺さるような企画であったと言えます。

「特定のコミュニティに刺さるような企画」というのがクラファンでの成功の秘訣です。

企画主のフレントレップのフォロワー数は、4400人と決して多い数ではありません。そのため、発信力のあるTCBさんとてぃ丸さんとの連携が成功の鍵となったと思われます。

若年層を取り込むための秘策

日本以外のCFサイトでは、クレジットカードのみの決済方法が一般的になっています。しかし、日本のCFサイトの一部は、クレジットカード支払いのみならず、銀行振り込みやコンビニ払いが可能です。

今回、このプロジェクトは、**クレジットカード以外の決済ができるCFサイト**「マクアケ」を利用しました。そのため、アメリカでは取りこぼしてしまいそうな若年層も、日本では取り込めたというのが成功の要因であると考えます。

このプロジェクトのリーダーであるフレントレップの岸川紗也佳さんの話では、「支援者の半数は10代の女性です。そして、全体の8割がカード決済以外でした」とのことでした。さらに、岸川さんは、「まだ化粧をしたことのない10代の女性が、初めてコスメを購入するというつぶやきもありました」と教えてくれました。

日本のクラファントレンド、2つのキーワード

日本においては、20代がマーケットのトレンドをつくるといわれています。

一方、アメリカにおけるトレンドリーダーは40代前後です。日本でも話題になった

「SEX and the CITY」が象徴するような、大人の世界がトレンドをつくります。

それが日本においては、20代の若者の間でブームになると、世の中のムーブメントになります。

したがって、若者層にクラファンも支持をされるようになれば、一気に世の中に知られる存在になると言えます。

このような意味を込めて、今後も**「若者」や「女性」が喜ぶようなプロジェクト**が生まれてくることがクラファンの発展につながると考えられます。これまでクラファンを知らなかった若年層に、クラファンを知ってもらえる機会になるでしょう。

このプロジェクトは、童話モチーフコスメの続編として「不思議の国のアリス」「人魚姫」と次々とプロジェクトを立ち上げ成功しています。

日本でのクラファンは、年々着実に浸透していくはずです。

ライバルがまだ少ない今こそ行動を起こすことが、あなたの夢を叶える近道と言えます。

第2章

クラウドファンディングをやってみたいと思ったら

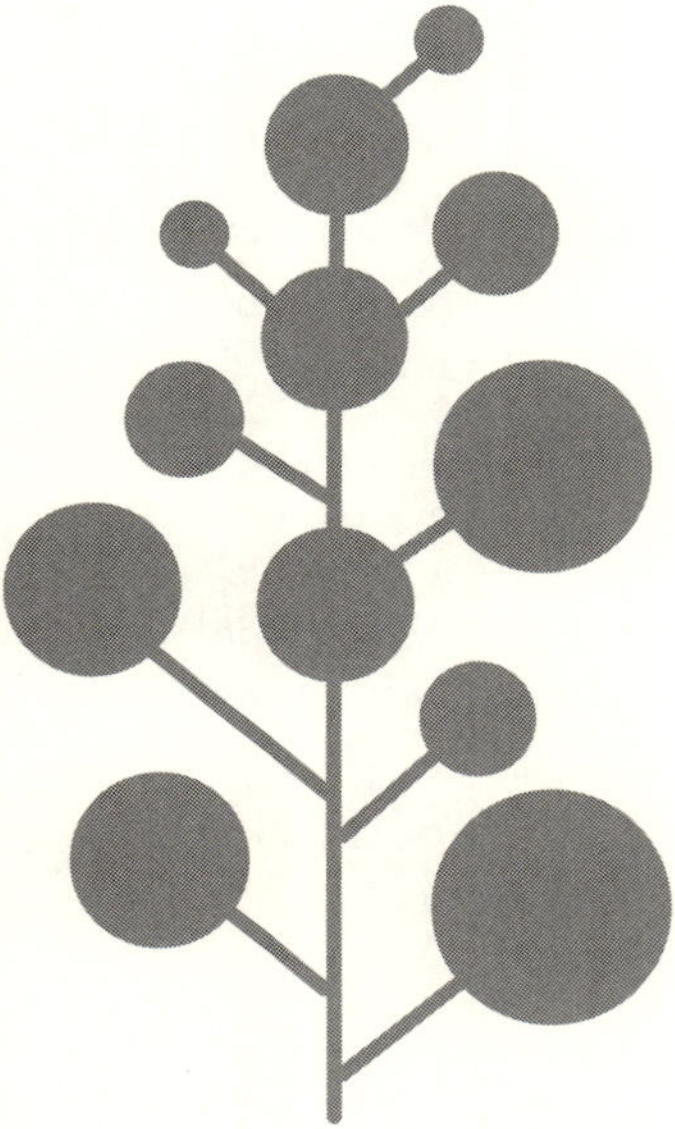

クラウドファンディングの主な流れ

ここまでお読みいただいたあなたは、**「クラファンには実際にどうやって参加すればいいのか?」**が気になるところでしょう。

まずは、クラファンがどのような流れになるのかを押さえておきましょう。

それぞれの詳しい内容は、この章以降で解説しますので、ここでは、それぞれの概要と流れをお伝えします。

①企画立案、企画書づくり

まずは、あなたの企画を考えます。

これまでにお伝えしたとおり、あなたの企画がクラファンに適しているかどうかを考える必要があります。そして、「クラファンで得たいものは何か?」を考えます。

本書125ページでも、企画書の書き方について触れますが、さらに、**読者限定特**

典として「成功するクラファン企画書のつくり方」（PDF）の無料プレゼントをご用意しています。詳しくは、**本書巻末ページ**を参照するか、**http://www.2545.jp/cf/** にアクセスしてみてください。

②サイト選び

企画が決まったら、数あるCFサイトの中から自分に適したものを選びます。

③企画を投稿

どのCFサイトがいいかを決定したら、あなたの企画をCFサイトに投稿します。投稿は無料です。

企画書には、タイトル、目標金額、開催期間、リターンなどのおおよその予定を提出します。

④審査

ＣＦサイト運営者が、あなたの投稿した企画がクラファンに適しているかどうかを審査します。

⑤審査通過

ＣＦサイトの審査は、通常１週間ほどで結果が出ます。あなたの企画の信頼性や実行性などが審査されます。

⑥企画内容の具体的な作成

無事に企画が通ったら、プロジェクトの本企画を作成します。この企画内容がＣＦサイトにアップされます。

⑦最終確認

投稿文が完成すると、何度かキュレーターと呼ばれるＣＦサイトの担当者と投稿内容に関してのやりとりをして精密度を上げていきます。

⑧プロジェクトの開始

内容がまとまり、いよいよプロジェクトがＣＦサイトにアップされて開始されます。世の中の人々にあなたのプロジェクトが公開されます。公開期間は、プロジェクトによりますが、45日が理想的です。

⑨情報の拡散とフォローアップ

掲載期間中、黙っていては、プロジェクトになかなかお金が集まってきません。クラファンは、サイトに掲載されると、お金が集まる魔法のサイトではないからです。しっかりと自分自身で情報の拡散をしなくてはいけません。

このとき、支援者に対してきちんとフォローアップしていくことが大切になってきます。

⑩終了

プロジェクト期間が終了します。

プロジェクトが成功した場合は、集まった金額からCFサイト運営会社に決められた手数料を差し引かれて入金されます。

失敗した場合は、一切のお金をCFサイト運営会社に支払う必要はありません。

⑪リターンの送付

プロジェクトが成功した場合は、支援者に対して約束したリターンを送付しなくてはいけません。

クラウドファンディングの流れ
クラウドファンディングってどうやるんですか？
じゃあ、流れを説明しよう！
1.プロジェクトを考える
夢
アイデア
2.投稿サイトを選ぶ
自分のプロジェクトにあったサイトを見つけよう！
どこにしようかなぁ
ウーン
手数料が安い
メディアに強い
支払方法が多い
A
B
C
3.プロジェクトの投稿
ドキドキ
4.審査
PC
5.審査通過
ヤッター！
コレからだよ

6。プロジェクトを作成する
目標金額
期間
内容
動画
リターン
7。最終確認
CFサイト
PC
ここはこうしたらいいですよ
なるほど!
8。プロジェクト開始
PC
発信!
9。プロジェクトを拡散、活動報告をする
Facebook
チラシ
口コミ
メディア
Twitter
ご支援お願いします!
10。プロジェクト終了
達成
Successs!
11。プロジェクトの実行、リターンの送付
ありがとうございました!
応援します!
頑張って!

クラファンで資金調達する2つの方式

クラファンで資金を調達する方式は、2つあります。

各CFサイト運営会社によって言い方は異なりますが、本書では、「達成時報酬型（All or Nothing）」と「実施確約報酬型（All in）」と呼ぶことにします。

順を追って説明します。

①達成時報酬型（All or Nothing）

たとえば、町おこしをするために「B級グルメイベントを開催する」という企画を立てます。

そのプロジェクトには、開場費や当日の人件費、広告代など、最低限必要な資金として100万円が必要だとします。そのための資金調達の募集期間を30日と設定します。

もし、その期間中に１００万円以上のお金が集まれば、目標金額達成となり、集まった資金を全額受け取ることができます。

しかし、もし**目標金額に1円でも足りなかった場合は不成立**となり、一切お金を受け取ることができません。

これを「達成時報酬型（All or Nothing）」と言います。

最も一般的なクラウドファンディングの仕組みとなります。

②実施確約報酬型（All in）

一方、「実施確約報酬型（All in）」は、**目標金額に達成しなくとも全額受け取れる方式**です。

これは、目標金額が達成しない場合でも、ＣＦサイト運営会社が「プロジェクトが実施可能だ」と認めれば実施確約報酬型を選ぶことができ、集まった資金を受け取る

達成時報酬型(All or Nothing)

募集期間中に目標金額を達成できなければお金を受け取れない.

実施確約報酬型(All in)

募集期間中に目標金額を達成できなくてもお金を全額受け取れる.

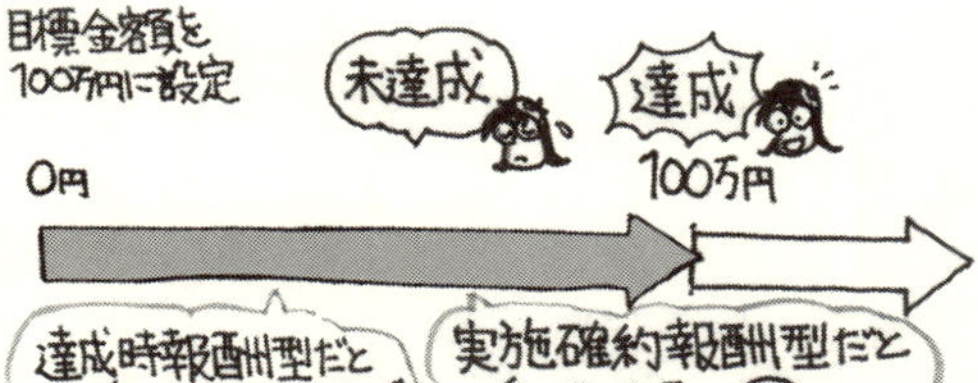
達成時報酬型だと受け取れない ✕
実施確約報酬型だと受け取れる ◎

ことができます。

たとえば、「B級グルメイベントを開催する」際に、開場費や当日の人件費などの開催費用は自己資金でできるとします。

しかし、実施したイベントにより多くの人に参加してもらうために、広告宣伝費が足りません。そこをまかなうために、この方式を利用します。

目標金額を50万円に設定したものの、残念ながら30万円しか集まらなかったとします。しかし、実施確約報酬型の方式をとっているので、その集まった金額は目標金額達成に関係なく、全額受け取ることができます。

成功に導く「CFサイト選び」

これまでたくさんのクラファン成功者に取材をしてきましたが、皆さんが口をそろえて言うのは、CFサイト選びの大切さです。

現在、世界には１２５０以上のＣＦサイトがあると言われています。日本においても50以上は存在します。

その中からどのＣＦサイトを選んだらいいかを検討するのは難しいところです。起案者の中で多く聞かれるのが「あのＣＦサイトにしておけばよかった」という声です。

実際、私がクラファンのコンサルティングを行なう際にも、**「ＣＦサイト選び」には慎重**になります。

皆、初めはクラファンの使い方は手探り状態でやっています。

しかし、利用してみて、使ってみて、後半でやっとわかってくるというのが実情です。

わかってきたところで後悔しないように、本書ではＣＦサイトの選び方をできるだけサポートしたいと思います。

日本においての代表的なＣＦサイトは、「レディーフォー」「キャンプファイヤー」

「マクアケ」「モーションギャラリー」「グリーンファンディング」「カウントダウン」「ウィシム」「ファーボ」「シューティングスター」「キビダンゴ」「エーポート」あたりが有名です。

海外においては、「Kickstarter（キックスターター）」と「Indiegogo（インディーゴーゴー）」が2大CFサイトです。

一覧表を122ページにまとめてあるので、参照してください。

「CFサイト選び」の5つのチェックポイント

さて、数あるCFサイトの中からあなたのプロジェクトにぴったりのCFサイトを選ぶためには、どこを注意したらいいのでしょうか？

大きく5つポイントを挙げます。

①手数料の違い

ＣＦサイトに掲載するのは無料ですが、**プロジェクトが成立した場合はＣＦサイトに手数料を支払わなくてはいけません。**日本のＣＦサイトの手数料は、**10～20％**です。アメリカの場合は、５～９％の手数料です。

実際に受け取る金額は、手数料を差し引いた分なので、その金額でプロジェクトが実施できるかを検討する必要があります。

②入金のタイミング

プロジェクトが完了後、ＣＦサイトからあなたに支払われるのは、日本のＣＦサイトの場合、**約１週間～２カ月後**となります。アメリカの場合は、２日～14日以内になります。

達成してから振り込まれるまでタイムラグが生じることもあるので、事前にしっかりと確認することが大切です。

③決済方法の違い

アメリカのCFサイトの場合は、クレジットカード決済のみとなりますが、日本の場合は、**カード決済以外に、銀行振り込みやコンビニ決済、各種ポイント決済**などを取り入れているCFサイトもあります。

たとえば、第1章でも触れたとおり、若い人やお年寄りなどに支援者が多い場合は、クレジットカード決済よりも、コンビニや銀行振り込みを好む人が多い可能性があります。

また、法人からの支援の場合も、「銀行振り込みでないと困る」と言われるケースが多くあります。**決済方法の違いは、より多くの支援者を得るためにはとても大切な要素**になってきます。

④調達方式の違い

調達方式については、先に解説しました。「達成時報酬型」か、「実施確約報酬型」

のどちらかを選ぶことになります。

繰り返しますが、多くの場合は「達成時報酬型」になりますが、「モーションギャラリー」や「マクアケ」などの一部のCFサイトは、「実施確約報酬型」を選ぶことが可能になっています。

⑤特徴

各CFサイトによって、「**どのカテゴリー（ジャンル）に強いのか**」などの特徴があります。
過去の事例をチェックして、自分の企画に合ったカテゴリーに強いCFサイトを選ぶ必要があります。

同じジャンルの成功事例を研究する効用

選ぶポイントとして、「過去の成功事例研究」があります。

ほとんどのＣＦサイトには、「プロジェクトを探す」という欄があります。そこから自分に合ったジャンルを探し、**現在進行形のプロジェクトや過去の成功事例をチェック**します。その事例の研究をすることで、自分に適したジャンルがあるかがわかります。

通常、一度そのＣＦサイトのプロジェクト支援者になると、そのＣＦサイトからメールマガジンが定期的に送られてきます。

ですから、その支援者は、他のプロジェクトを見る機会があるかもしれません。その支援者が、たとえば「社会貢献」に過去に投資をしているのであれば、今後も他の社会貢献に関するプロジェクトの支援者になってくれる可能性があるでしょう。

自分の知らない支援者を獲得するためには、**同じジャンルからなるべく多く支援者を集めているCFサイトを選ぶ**ことが大切です。

具体的に言えば、「カンボジアの水をきれいに！　環境にやさしい排水処理を普及させたい」など、「**社会貢献**」のジャンルであれば、「**レディーフォー**」が過去の事例で多いことがわかります。

「『光枡』でお酒のシーンに彩りを。LEDで光る枡で楽しくお酒を飲もう！」というような**プロダクト系**や「忙しいあなたを、楽に楽しく健康に！　進化したコールドプレスジュース『EJ』！」のような**フードやレストラン系は、**「**マクアケ**」が成功の実績が多々あります。

地方の案件では、「シングルマザーのセカンドライフ！　富山の自然の中に癒しのサロンを開業したい」の「**ファーボ**」や、「コバタケファームの挑戦！　幻の米『京都旭1号』を復活させたい」の「**キビダンゴ**」が地域活性化の案件に力を入れています。

特長	言語	入金タイミング	手数料	使用貨幣
社会貢献型が多い。	日本語	終了日から2〜3カ月後の10日に入金	17%	日本円
オールジャンル。	日本語	終了後8営業日以内に明細、確認後入金	20%	日本円
映画、音楽、ゲームが多い。	日本語、英語＊1	終了後2週間以内	10%＊2	日本円
オールジャンル。日本から海外に。助っ人制度。	日本語、英語	終了後10日営業日以内に明細、確認後入金	20%	日本円
オールジャンル。	日本語	終了月の翌々月末日に入金	20%	日本円
ASP提供、多言語対応、エンタメが多い。	日、英、中、韓語	終了月の翌々月末日に入金	20%	日本円
地域・地方応援型。	日本語	終了日の翌月末日に入金	15-20%	日本円
モール型。(直営サイトとASP提供によるパートナーサイト)	日本語	終了後30日後(15日または末日締め)	20%	日本円
オールジャンル。プロダクトやフード系が特に強い。	日本語＊4	終了月の翌々月初3営業日に入金	20%	日本円
オールジャンル。地方案件、モノ作り系。	日本語	終了月の翌月末日に入金	10%＊5	日本円
オールジャンル。母体が朝日新聞。	日本語	月末締めの5営業日＊6	20%	日本円
オールジャンル。	英語	終了後2日後に入金	5%	$、C$、A$、€、$、
オールジャンル。	英、独、仏、西	終了後2日後-15日後に入金	4-9%	$、C$、A$、€、$、

1 インディーゴーゴーと提携
2 実施確約報酬型で目標金額未達時のみ20%
3 銀行振込とコンビニ決済は一部のプロジェクトで対応

＊4 希望者には英語ページも用意可
＊5 楽天ID利用分は14%
＊6 16日〜月末までに終了する場合は、翌月15日締めの5営業日。終了日から5営業日後の早期払出も可能(1%手数料アップ)

ひと目でわかる！クラウドファンディング・サイト一覧表

名称	URL	調達方式	決済方法
レディーフォー	readyfor.jp/	達成時報酬型	クレジットカード
キャンプファイヤー	camp-fire.jp/	達成時報酬型	クレジットカード
モーションギャラリー	motion-gallery.net/	達成時報酬型と実施確約報酬型	クレジットカード、銀行振込
カウントダウン	countdown-x.com/ja/	達成時報酬型	クレジットカード、PayPal、銀行振込
シューティングスター	shootingstar.jp/	達成時報酬型	クレジットカード、銀行振込
ウィシム	wesym.com/	達成時報酬型と実施確約報酬型	クレジットカード、ポイント、電子マネー等
ファーボ	faavo.jp/	達成時報酬型	クレジットカード
グリーンファンディング	greenfunding.jp/	達成時報酬型	クレジットカード、銀行振込、コンビニ決済*
マクアケ	makuake.com/	達成時報酬型と実施確約報酬型	クレジットカード、銀行振込、コンビニ決
キビダンゴ	kibi-dango.jp/	達成時報酬型と実施確約報酬型	クレジットカード、銀行振込、コンビニ決済、楽天 ID、Paypal
エーポート	a-port.asahi.com/	達成時報酬型	成功時報酬型
Kickstarter	kickstarter.com/	達成時報酬型	クレジットカード
Indiegogo	indiegogo.com/	達成時報酬型と実施確約報酬型	クレジットカード、PayPal

©George Itagoshi 2015　著者が取材のもとに作成

その他に、「**音楽**」系では、「Awesome City Club、クラウドファンディングシングルを作りたい！」など、「**キャンプファイヤー**」に実績があります。

また、「**モーションギャラリー**」は、もともと**映像・映画**に特化していたサービスから始まっているので、そのジャンルの案件数が多くあります。

また、最近では「**グリーンファンディング**」がツタヤグループの「T-SITE」と業務提携しました。そのことにより、今後は「**出版**」「**音楽**」系は、「T-SITE」との相乗効果が上がってくるかもしれません。

これまでの私の経験では、先に挙げた「CFサイト5つのチェックポイント」のうち、「**決済方法**」と「**特徴**」が、最もCFサイト選びの大切なポイントだと感じています。

自分の**支援者の年齢層**や**地域性**、**どのジャンルに強いのか**などの特性に合わせたCFサイト選びが重要になってきます。

「クラファン企画書」の書き方、４つのポイント

では、いよいよＣＦサイトに掲載するための準備を始めます。

まずは企画書を書かなくてはいけません。

あなたのプロジェクトを成功させるための企画書づくりの重要ポイントは、以下のとおりです。

①タイトルの設定
②プロジェクト概要
③目標金額の設定
④リターンの設定

順を追って解説します。なお、読者限定特典として「**成功するクラファン企画書のつくり方**」（**PDF**）**の無料プレゼント**をご用意しています。詳しくは、**本書巻末ページ**を参照するか、**http://www.2545.jp/cf/** にアクセスしてみてください。

「タイトル設定」が、成功の9割

タイトルは、いわばあなたの「**プロジェクトの顔**」になる重要なパーツです。人々が、あなたのプロジェクトを一番初めに知る重要なものです。

タイトルは、CFサイト上のみに告知されるものではありません。多くの人が、CFサイト以外の、フェイスブックやツイッターなどでの拡散で知ることもあります。それらのページから、あなたのプロジェクトを知り、あなたのプロジェクトページに訪れます。したがって、**最も人の目に触れる大切な告知文**になります。

ひと目見て「誰が何をどうしたいのか」がわかるような内容で、かつ「これはおもしろそうだ！」「応援したい！」「買ってみたい！」というようなキャッチーなタイトルを付けましょう。

「プロジェクト概要」で、書くべきこと、書いてはいけないこと

人々が「タイトル」を見た後は、プロジェクトの概要である「本文」に目を移します。その本文に共感をして、「応援したい！」「買いたい！」という気持ちを起こしてもらう必要があります。

本文で気をつけたいことは、自分の夢ばかりを語ったり、自分の思ったことをダラダラと書かないということです。

客観的な事実に基づき、自分の意見をしっかり論理的に主張することが大切です。

また、何よりも大事なことは、そのプロジェクトに対して**あなたの情熱**が表れているかという点です。

たくさんの情報よりも、心を動かすような**ストーリー性**のある文章を書くことが大切です。わかりやすさを意識しながら、あなたらしい表現で、あなたの強い思いを本文で伝えていきましょう。

失敗する「目標金額」、成功する「目標金額」

目標金額は高く設定しすぎてはいけません。

一般的には「達成時報酬型」を利用するのが多いので、万一目標金額に到達しなかったら場合は1円ももらえないということになってしまいます。

たとえば、幻の企画として有名なのは、「ロンギヌスの槍を月に刺すプロジェクト」という1億円を目標にしたプロジェクトです。

これまでの最高支援額である5469万5000円を集めましたが、1億円に達しなかったために不成立となり、1円ももらえないという結果に終わりました。

幻の日本最高支援額5000万円超えのプロジェクト

約5500万円が集まっても、目標金額に届かず不成立。目標金額の設定を見誤ると、失敗の可能性が高まる。

逆に、目標金額を低く設定しすぎても、実際のプロジェクトのための資金がまかなえない場合があります。

また、目標金額を達成してしまって、「もう目標額が集まったんだから、支援しなくてもいいよね」と思われる場合もあります。

したがって、目標金額の設定は、とても重要になってきます。

まず、**目標金額は、最低限必要な経費を算出する**のが一般的です。

しかし実際は、自己資金で足りない分をクラファンで補う分として目標金額を設定する場合が多くあります。

たとえば、先述した「渋谷に夜の図書室を！@道玄坂に本と人がつながる場所を作ります」の場合は、開業費は自己資金でまかなえる試算をしました。

その上で、図書室として本を買うための一部の費用となる10万円を目標としました。

実際、立案者の森俊介さんは、**「事前告知と宣伝目的のためにクラファンを利用した」**と言っています。結果、「こんなものが欲しかった！」という多くの声が上がり、共感が共感を呼び、目標金額の９５３０％超えの１０００万円近いお金を34日間で集めることができました。

クラファンの「1／3の法則」

では、どのように目標金額を設定したらいいのでしょうか？

目標金額を設定するうえで知っておきたいのは、クラファンの「１／３の法則」です。

「インディーゴーゴー」の創業者であるスラヴァ・ルービンさんは、2013年9月に開催された講演で、以下のような話をしています。

「私たちは、1／3、1／3、1／3という考えが好きです。インディーゴーゴーはあなたの成し遂げたいことを倍増することができます。もし、ご自身で0ドルしか集められなければ、インディーゴーゴーではゼロ倍しかできません。

まず、少なくとも金額の1／3は、『自分のネットワークを通じて』自力で集める必要があります。次の1／3は、あなたのネットワークの友達を通じて集まることが多い。そして、最後の1／3をインディーゴーゴーが見つけてくるのが平均的です」

要するに、**「最低1／3は、自分の直接の友人知人からお金を集めなくてはいけない」**ということです。

これは、インディーゴーゴーで過去のデータから集められた数字によるものです。

実際、私の研究でも、これは、日本のクラファン全般にもよく当てはまります。

プロジェクト資金の大小にかかわらず、成功しているプロジェクトは、**「最低の30**

％以上の資金は、自分の直接の知人から集めている」というデータとなっています。

このように、「1／3の法則」とは、お金を集める上で「最低1／3は、自分の直接の友人知人からお金を集めなくてはいけない」、そして、「その次の1／3は、友達の友達から集める」、そして「最後の1／3は、まったく知らない人からお金が集まってくる」ということです。

実際、私自身でも、2012年に「全米最大級の日本の芸術祭『JAM』、ユーストで日米をつなぐ」というプロジェクトを最初に行なったとき、結果的には目標金額は達成しましたが、「最初の1／3は自分で集めないと、目標金額を超えることは難しい」ということを痛感しました。

このように、「最低限1／3は自分で集めてこなくてはいけない」のが、クラファンの「法則」となります。

この法則は、特に目標金額を設定するときの目安にすることをお勧めいたします。

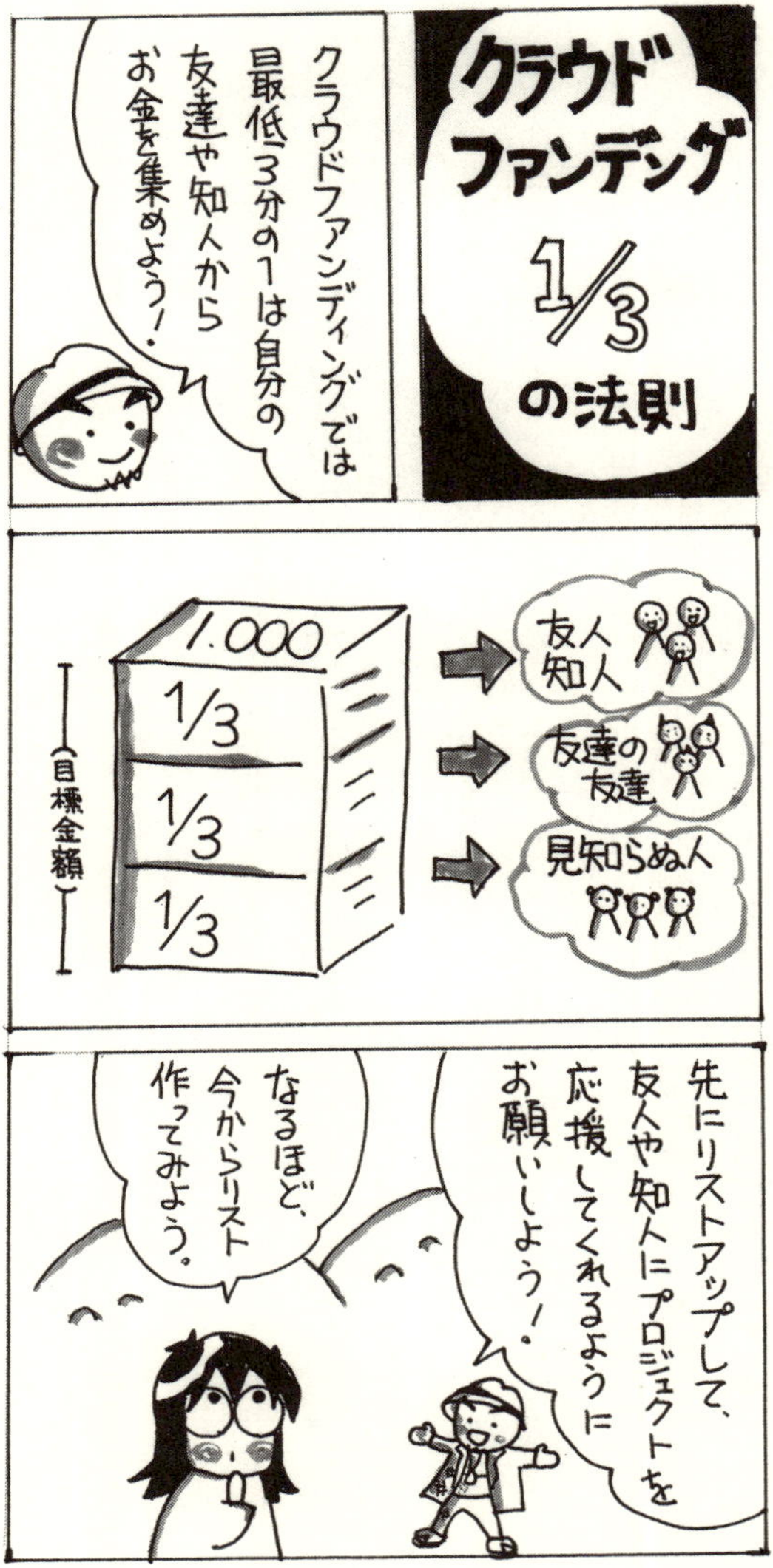
クラウドファンデング
1/3の法則
クラウドファンディングでは最低3分の1は自分の友達や知人からお金を集めよう!
1,000
1/3
1/3
1/3
(目標金額)
友人知人
友達の友達
見知らぬ人
先にリストアップして、友人や知人にプロジェクトを応援してくれるようにお願いしよう!
なるほど、今からリスト作ってみよう。

「支援者リスト」を作成する

このように、目標金額を設定する場合の要素の1つとして、「自分でいくら集められるか」が大切であることがわかりました。

では、実際に自分の**「1／3の法則」を具現化するために、数値設定が必要**となってきます。

私が提案するのは、「支援者リスト」の作成です。

作り方は簡単です。まずは、紙やエクセルシートなどに、「自分の直接の友人にお願いした場合、いくら集まるか」を書き出してみましょう。

「誰が」「実際にいくらぐらいお金を出してくれるのか」ということをリストにして書き出すのです。このことにより、**「自分でいくら集められるのか」**という目標を明確にすることができます。

「支援者リスト」をつくって、目標金額の1／3を集めよう！

支援者リスト

属性と名前	金額
お父さん	¥10,000
同僚の山本さん	¥5,000
同僚の佐藤さん	¥3,000
親戚のみよちゃん	¥5,000
幼馴染みのきみこ	¥5,000
先輩の清さん	¥5,000
上司の坂上さん	¥10,000
飲み仲間の山下さん	¥3,000
パーティーで知り合った渡部さん	¥15,000
テニス仲間の奥田さん	¥5,000
SNS で知り合ったサッチー	¥5,000
昔の担任の前島先生	¥10,000
お母さんの友達のさちこおばさん	¥10,000
趣味仲間の和田さん	¥5,000
後輩の大黒くん	¥3,000
	合計 ¥99,000

1度洗い出してみて、厳しいようだったら、
「設定金額を下げる」or「支援者数を事前に増やす」

もし、目標金額の1／3の額に「支援者リスト」が達成しない場合は、成功する確率は残念ながら低くなるでしょう。

その場合は、設定額を下げるか、もしくは、事前の仕込みなどをしっかり行ない、支援者数をプロジェクトの開始前に増やす努力が必要となってきます。

「リターンの設定」の注意事項

よくクラファンの利用で勘違いされることがあります。

それは、

「人々は、支援の意味合いでお金を出しているので、リターンとなる商品の割引は必須ではない。だから、定価より低くリターンを設定しても、お金を出してくれるのではないか」

ということです。

しかし、実際はその逆です。

プロジェクトを成功させるためには、いかに「**魅力的でお得感のあるリターン**」を**設定できるかが勝負**になってきます。

先述したように、購入型のクラファンは、あくまでも購入型であって寄付を目的にしたものではありません。

そのため、「○○さんにお願いされたから仕方なく支援した」ではなく、「**さすがは○○さん！　私もそういうものを欲しいと思っていたんですよね**」**と言われなくてはならない**のです。

実際のところ、友達や知り合いに「お金を出してほしい」と言うのは正直、気がひけます。

また、最近ではクラファンでお金を集める人が増えているので、「また頼みに来たのか」と思われるようなこともあるのです。

しかし、そこをどうやってうまく、爽やかに、あなたの友人に「支援」に関して伝

魅力的でお得感があるリターン！
クラウドファンディングの魅力は『起案者はお金 支援者はリターンでお互いメリットがある』ところだね。
寄付の場合
寄付をお願いします。
何か、自分だけ頂くのは申し訳ないなあ…頼み辛いなあ。
おっこさんに頼まれたら仕方ないなあ…
寄付かあ…
本当はイヤだけど、付き合いだししょうがない。
リターン有の場合
お！こんなの欲しかったんだ！
体験
ここだけ
リターン商品
ご支援、ありがとうございます！
さすがおっこさん！こんなの欲しかったんだ。

えられるか。それが、最大のポイントです。

友人にお願いするときは、**「その人の得になるようなプロジェクト」を企画するのが一番**です。身近な人に自分のプロジェクトを胸を張って勧められるものにしましょう。

支援者が喜ぶリターン、うれしくないリターン

多くの支援者、特に自分と親しい人以外からの支援を集めたい場合は、リターンの内容と金額設定は、最も時間を使って考えるべきです。

魅力的なリターンは、プロジェクトの成功への重要な一歩です。

では、どんなリターンが魅力的なのでしょうか?

よく思われがちな「リターン」は、粗品でもらえそうなTシャツやステッカー、キーホルダーなどです。

しかし、これらの品は実際もらっても、よほどのファンでない限り、少しもうれしくありません。

あなたのプロジェクトが新製品を作るような企画であれば、その商品そのものを渡せばよいのですが、製品でない場合もあるでしょう。

たとえば、プロジェクトに参加してくれた人だけへの「**限定商品**」や「**コラボ商品**」という言葉に人は惹かれます。

また、「**経験**」や「**体験**」を分かち合うようなものも喜ばれます。

「**産地限定品**」は、その場所に行かなくてももらえるので人気です。

また映画や施設などに「**名前を入れる権利**」や、あなたがプロジェクトを進める上で開く「**イベントへの招待**」もいいでしょう。

あなたのプロジェクトに合ったオリジナリティあふれる素敵なリターンを考えましょう。

リターンの種類
リターンは何がいいかなあ…
魅力的なリターンは成功のコツだからね。
実物
プロジェクトに関わる商品やCDなど
経験や体験
作家に会えるなど
お礼状
メッセージや御礼
記念品
制作途中の試作品
名前が入る権利
映画のエンドロール H.Pなど
name
限定品・コラボ商品
ここでしか手に入らないレアな商品
産地限定品
現地でしか手に入らないもの
独自性のある物
あなたしか提供できないもの
イベントの招待
完成パーティなど
Ticket

事例

リターンの魅力で思わず支援したくなる

プロジェクト名　岡山県津山市をオリーブ産地に「オリーブの花香る農園」苗木オーナー募集！

岡山県津山市で、地域活性化のためのオリーブ農園をつくりたいとの思いで始まったプロジェクトです。立案者の芦田政廣さんは、これまでにご当地グルメを活用した街おこし団体に、メンバーとして参加していました。10年後人口が約半分と言われている津山地域。なんとしても盛り上げていきたいという思いが湧いたようです。

芦田さんは、本業である造園の仕事をしている中で、最近オリーブの木が人気であることに気がつきます。

しかし、他の樹種に比べ高額なので、少しでも安価で提供できないものかと考えま

お得なリターン設定で、見事に成功

目標 80 万円／期間 35 日間／結果 86 万円、77 人
⇒成功

した。そこで、今まで業者から仕入れていたものを、自分で生産することを決意しました。

芦田さんのアイデアは、さらに一歩踏み込んで、その**オリーブと町おこしを一緒にできないかと思った**のです。

農地は、現在使っていない休耕田を活用して、オリーブ園をすれば、休耕田が減り、雇用も創出できます。

そこで考えたのが、津山産オリーブ園を開設して、**「津山ブランドのオリーブ」という特産品を全国に広め、この地域での雇用も創り出していける**オリーブ農園を目指すというプロジェクトでした。

2015年6月27日から7月31日までの35日間で、目標金額は80万円。結果は、77名の支援者から86万円の資金を調達することができました。

通常リターンに上積みリターン

このプロジェクトで注目すべきは、何と言っても、魅力的でお得感のあるリターン設定です。町おこしということで各方面から協賛も得られ、**かなりお得なリターン**内容になっています。私も思わず支援をしてしまいました。

たとえば、1万円を支援するとオリーブの苗木を1本購入し、その苗木は支援者の名前を記載したタグを付け、大切に育ててもらえます。その栽培活動や活動のレポートがフェイスブックなどを通じて情報発信されます。そして、苗木を植えてから3年の間につけた実を、支援者に届けられるのです。

リターンはそれだけではありません。地元の協力を得て、湯原温泉共通入浴券2枚や厳選したオリーブオイル1本、鉄板居酒屋の食事券1000円分、ご当地グルメのホルモンうどん1人前、イタリア食堂の1ドリンク券など、かなりの大盤振る舞いです。

縁もゆかりもない土地にツアーで行くよりも、このリターンによって、自分の名前の木があって、温泉に入れ、おいしいご飯が食べられる。そんなスペシャル感満載の旅行に行けるのは魅力的です。仮に現地に行けなくても、オリーブの収穫後は、自宅までオリーブを郵送してくれます。

保証人要らずで、資金調達

実は、芦田さんは過去に友人の保証人になり、その友人が夜逃げをしてしまったという経験をしていました。当時、すぐに支払う能力もなく、しばらく支払いが滞ったため、ブラックリストに載ってしまったそうです。金融機関で借入れをするのは不可能な状況でした。

その点において、**クラファンは、どんな状況の人にも平等に門戸が開かれています。**これは、**セカンドチャンスを与えてくれる、**ある意味、すごい仕組みだと言えるでしょう。

さらに芦田さんは、クラファンを使った理由として、最近クラファンの知名度と信用度が上がってきているので、**一個人で始めるよりも、それを利用することで信用度も高められる**という点があります。クラファンをやれば、ホームページを立ち上げる手間も省けます。それで**宣伝にもなる**のです。不特定多数の方からの支援を期待したと言いました。

拡散方法としては、地方の案件の場合は、フェイスブックなどをやっていない人も多いので、ハガキとチラシを作成して、知人に手配りすることを中心に始めたそうです。

また、町おこしをネタに、市長との対談の場を設けてもらいました。それを新聞社等に取材してもらったのです。

転がり込んだ予想外のメリット

クラファンをやった結果、芦田さんが得られたものは、「**人とのつながり**」でした。加えて、自分のプロジェクトが多くの共感が得られたという「**自信**」も得られました。支援者の中から今後の販路が確保できたことも大きいと言います。

さらに、休耕田の持ち主から、「ウチの田んぼや畑も利用してほしい」との要望をもらえたり、農家の人に向けての**講習会の講師依頼**や**雇用してほしいという要望**など、思いもよらなかった副産物を多く獲得しました。

もしも達成しなかったとしても、「CFサイトに支払う金額が0円。リスクがないので、不安はありません」と言います。

今回は地元を中心にクラファン活動をしたようですが、次回は東京や大阪などの大都市へ向けた第2の計画も予定しているとのこと。今後も注目したいと思います。

支援者の懐具合に合わせたリターンを設定

支援者の考え方、懐具合はさまざまです。それをしっかり認識する必要があります。1万円を投資したい人もいれば、500円だけ投資したいという人もいます。とにかくこの商品が欲しいという人もいます。

そのため、**種類や選択肢に富んだリターンを設定**したほうがいいでしょう。

支援金は、500円、1000円、3000円、5000円、1万円、10万円、30万円などに設定することができます。

たとえば、「キャンプファイヤー」では、**5000円から1万円くらいが最も多く支援されている**というデータが出ています。

また、「キックスターター」では、一番人気が25ドル（約3125円）で、成功したプロジェクトの平均支援金額は約70ドル（約8750円）になるというデータが出ています。

しかし、プロジェクトのカテゴリーによって設定はさまざまですので、あなたのプロジェクトに合った内容と価格でリターンの設定を考えてみましょう。

成功するリターンの2つの重要エッセンス

リターンの設定の肝は、「魅力的でお得感のあるリターン」です。

たとえば、「犬のしつけ教室を岐阜市で開きます」というプロジェクトがあります。

その教室では、1時間5000円で受講できるようです。しかし、今回クラファンでは、「3000円を支援してくれた人には、通常5000円の受講料を1時間無料にします」というリターンを設定します。

すると、支援者は、「通常5000円のところを3000円投資すれば、2000

お得感と共感
クラウドファンディングの成功のカギは「お得感」と「共感」だよ。
フムフム
例えば
犬のしつけ教室を岐阜市で開きます！
通常1時間5000円の教室がクラウドファンディングの支援で1時間3,000円に！
2,000円の得！
+応援することができる
でも、この教室の場合、近くの人以外の支援が難しいので「しつけ方のDVD」を全国に発送！と言うリターンで支援者を増やすことができるよね。
しつけ方DVD
なるほど！全国発送ですね！

円も得する。しかも、この人を応援することができるのなら！」と考え、お金を出すのです。

それに加えてオープンする前から、**将来お客さんになってくれる「ファン」と「見込み客」も同時に獲得できる**というウインウインな仕組みなのです。

しかし、この場合は、岐阜近辺以外の人からは支援をしてもらうことが難しくなります。その対策として、「8000円を支援すれば、しつけ方のDVDを全国に送料込みで発送してくれる」というリターンを設定すれば、犬のしつけに関して悩んでいる人が全国から支援することができるようになります。

事例

地元の人を中心に訴求

プロジェクト名

学びを通じて幸せな大人を増やしたい！
岡山駅前に勉強力フェオープン!!

地域に特化したクラファン成功事例

目標 50 万円／期間 31 日間／結果 83 万円、84 人
⇒成功

「勉強カフェを通じて、岡山への若者定着につなげたい」と題した案件は、地方活性化のコミュニティ作りを目指した日本ならではのプロジェクトです。

「勉強カフェ」という〝場づくり〟を通じて、岡山に残る若者や岡山に帰ってくる人、岡山に移住する人を少しでも増やしていくことにつなげていきたいとの思いで始まりました。

この起案者の米澤寿展さんは、2015年5月に私のクラファンセミナーを受講し、さっそく2015年7月1日から7月31日までの31日間クラファンに挑戦しました。

このプロジェクトは、50万円を目標にしたところ、14日目で目標に達成し、結果84名の人から83万円の支援を受けることに成功しました。

資金調達は二の次

このプロジェクトは、勉強カフェ岡山の開業に際し、オープンすることを知ってもらうこと、そして、会員獲得を目的にしました。

クラファンを通して、岡山の前向きな若者を応援していく**社会性の高い事業であることを知ってもらう努力**をしたそうです。ひいては、**日本の未来につながる事業であることを訴求する**ことが、将来を案じる人々の心を打つと考えたそうです。

それを実現させるために、まず、ソーシャルメディアで情報を拡散、チラシを作って、アナログでも支援できる体制を作りました。

「社会性の高い事業であること」に対するの共感の他に、「お得感」を出すための努力も欠かしませんでした。

たとえば、5000円を支援すると、一時利用券を15時間分（通常は9720円相当）や、オープニングパーティの招待券をリターンするなどです。

通常会員料金よりお得になる「支援コース」を設けて、会員獲得の促進に活用しました。

要するに、クラファンは、**マーケティング的な活用が第一で、資金調達については二の次**だったのです。

結果、予想より多くの資金が集まり、開店費用の一部に充てることができ、資金的にも助かったと言います。

また、社会性の高い事業であることを再認識できたことに加え、応援してくれる方を事前に確認することができたそうです。

大都市からの支援獲得の工夫

このプロジェクトは、岡山の人を中心に訴求したいと思っていたため、「ファーボ岡山」という地域密着のCFサイトを利用しました。

結果、フェイスブックなどを通して知人から70%、知人の知人から20%、そしてまったく知らない人から10%の支援を受けました。

支援者の居住地は、岡山40%、香川45%、その他の地域として関東5%、関西5%、その他5%だったそうです。

私が推奨する、東京などの大都市からの支援を獲得するための工夫もしました。

3000円支援すると、地元の人向けには「本棚に用意する本2冊を指定できる権利」がリターンされますが、他県の人向けには「手打ち体験キット『元気玉』(元気玉&麺棒セット5人前)」の選択肢を設けました。また、7000円支援すると、地元岡山が誇る「清水白桃農家選りすぐりの特別限定品」をリターンにしました。

「行為の連鎖」で拡散

このプロジェクトでは、ソーシャルメディア（特にフェイスブック）で拡散しています。友人にも依頼。支援してくれた方をさりげなくフェイスブックなどで紹介し、感謝の意向を表す投稿をしています。他の人にも見てもらい、「あの人が支援したんだったら、私も」という**日本人独特の「友人がやっているなら、私も」**という行為の連鎖効果も狙ったようです。

そして、メールやメッセージで、**依頼文を押しつけがましくならないように心掛けた**と言います。

年配層には、**アナログのチラシを配布**して、協賛金を依頼。結果、最も多く支援してくれた年齢層は50代となりました。

米澤さんはプロジェクトに際して、次のように話しています。

「不安は少々はありましたが、仮に**目標金額が集まらなかったとしても、事業の告知をするという目的は達成されます**ので、大きな不安はなかったです」

これからクラファンを通して夢やアイデアを実現したいと思っている人には、「常日頃の人とのお付き合いは大切」「ソーシャルメディアでの影響力を高めておくことが役に立ちます」とアドバイスしてくれました。

成功するプロジェクトの「開催期間」

最後に、企画を立案する際に大切になってくる募集日数（開催期間）について説明します。

これも、プロジェクトを成功させるための大切な要素になってきます。

では、何日に設定するのがベストなのでしょうか？

各ＣＦサイトによって、開催期間の設定は異なります。通常は、１〜１２０日の間で、自分で好きな日数を選べます。

「インディーゴーゴー」のデータでは、**成功するプロジェクトの平均日数は36日**です。日本のＣＦサイトでは、90日と長めの募集期間を推奨するサイトや30日から45日を推奨するサイトがあります。

私が所長を務める「クラウドファンディング総合研究所」の調べでは、日本10社の**成功案件の統計から、平均募集期間は54日間**というデータが検証されています。

この日米の違いには、クラファンの成熟度があると考えています。

先を行くアメリカは、すでにクラファンの認知度が高いため、短い期間で成功に導かれます。しかし、日本の場合は、まだまだ認知度が低いため、プロジェクトの期間を長くして、認知度を広める必要があると言えます。

開催期間中に盛り上がる2回の波

しかし、私の経験上では、**開催期間が長ければそれだけ支援が集まるとは考えていません。**

クラファンの盛り上がりのポイント、いわゆる盛り上がる波は2回あります。一番盛り上がるのは、**プロジェクトの立ち上げ後の1週間**くらいと、**プロジェクト終了前の5日間**です。

したがって、期間を長くしたからと言って、その間にコンスタントにお金が集まるとは限らないのです。

たとえば、60日以上の長めプロジェクトの場合は、「あとで支援すればいいや」と思われてしまうこともあります。また、リターンの品を目当てにしている場合は、期間が長い分だけ、リターンの送付も遅くなるので、「そんなに長くは待ちたくない」

開催期間の設定
募集期間が長ければ支援が集まると言う事ではないんだよ。
盛り上げのポイントなど教えるね。

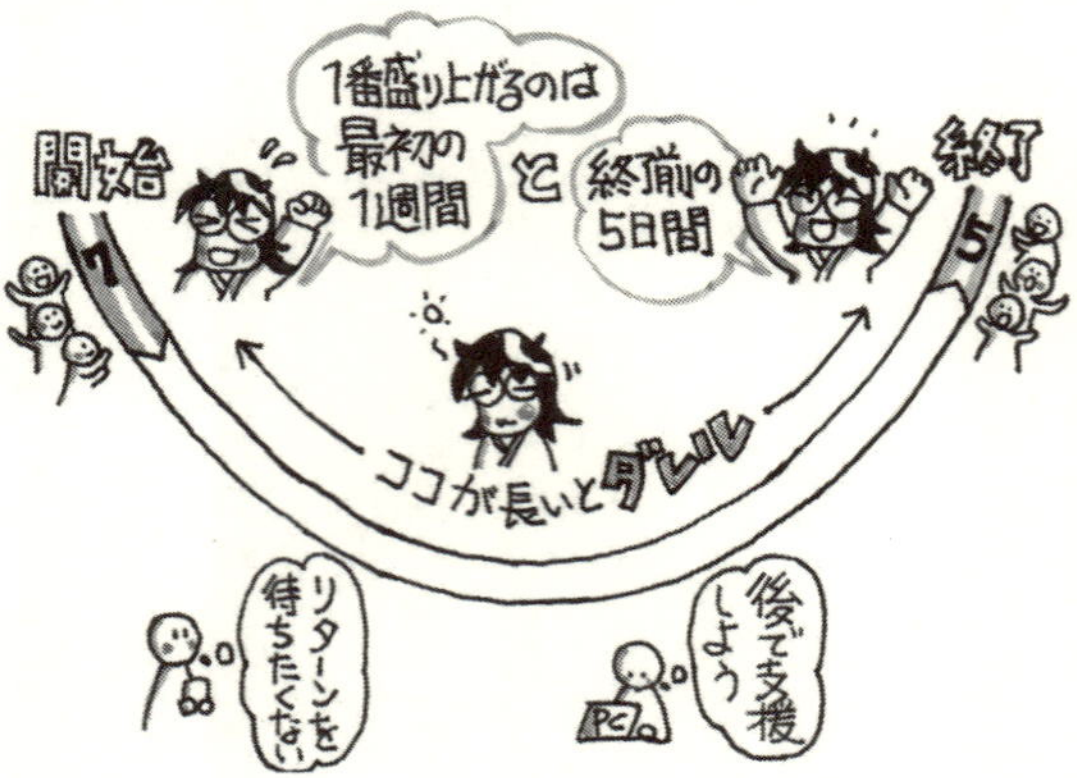
開始
7
1番盛り上がるのは最初の1週間
と
終了前の5日間
終了
5
ココが長いとダレル
リターンを待ちたくない
後で支援しよう
PC

開催期間中は集中力を切らさずにプロジェクトのPRを続けられるかが大事。
おいらは日米の平均から45日間が成功する募集期間とみてるのさ。

という心理が起こってしまうこともあります。

そしてなによりも、**開催期間中はこちらの集中力を切らさないこと**が大切なポイントになります。

期間が長ければ長いほど、精神を保つのもつらくなってきます。ある意味、掲載期間中は、「舞台の上に立つ役者」みたいなものだと考えるとわかりやすいでしょう。常に人目にさらされている状態になります。ですから、自分の集中力を切らさずに、プロジェクトのPRを続けられる期間を設定しましょう。

したがって、**日米の平均からみると「45日」**程度が、日本において最も成功する開催期間になると私は見ています。

第3章

クラウドファンディング成功のポイント

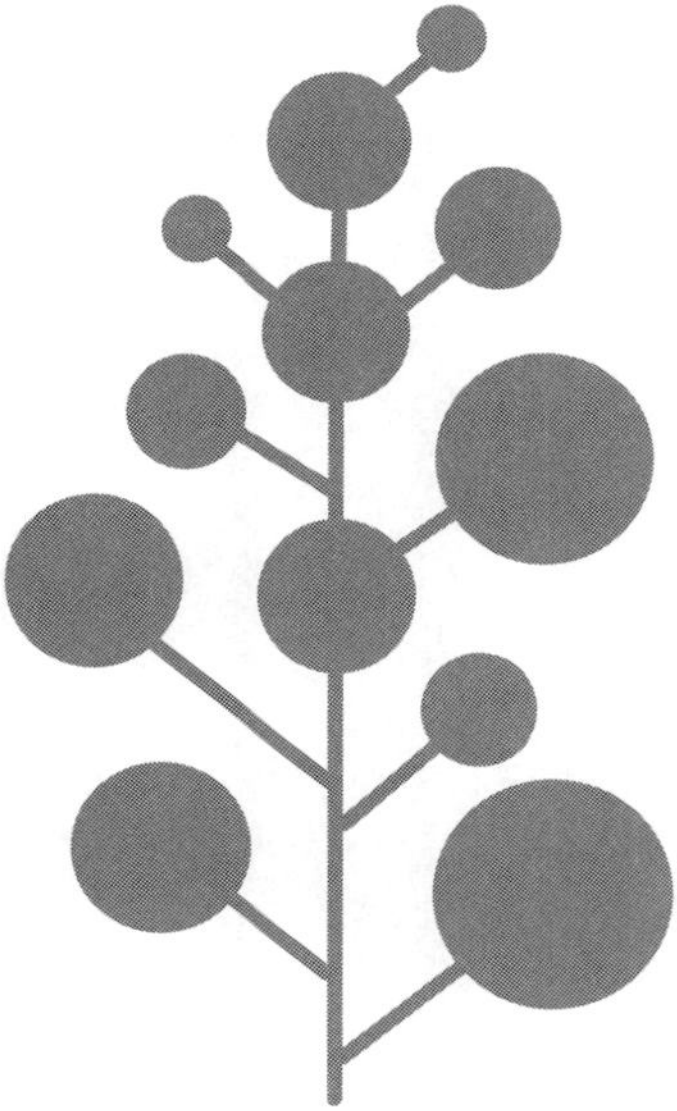

公開するための「下準備期間」を設ける

この章では、企画書が完成後、いかに自分のプロジェクトを世に広めて成功に導くかのノウハウをお伝えします。

本文を書き上げ、掲載準備もできました。すぐに情報をＣＦサイトに掲載したほうがよいのでしょうか？

クラファンの研究者でカリフォルニア大学バークレイ校のリチャード・スワート博士は、「**プロジェクト掲載の始まる30日前から自分のブログやウェブサイト、ソーシャルメディアから情報を公開したほうがいい**」と言っています。

公開する前に「下準備期間」を設けるのは、とても大切な成功の秘訣となってきます。

それは、前章で説明したとおり、**支援者の30％は自分の友達・知人から直接集めなくてはいけない**からです。プロジェクトを掲載する前に、これらの人にプロジェクトを始めることを伝える必要があります。

たとえば、私の行なった「海外進出を目指す人のための『活動拠点』をNYにつくります!」のプロジェクトでは、**CFサイト公開1カ月前に、フェイスブックページとホームページを開設**しました。

そこで、「会員募集はクラファンのみで行なう」旨を伝えました。

また、共感を得るために、日々の内装工事の進捗情報やイベントの情報などをアップしていきました。

そして、開始10日前から毎日、「あと○日後にクラファンで資金調達をする」ということを訴え続けました。

その結果、クラファン開始後4時間で目標金額を達成し、翌日には100万円を超えることができました。

公開する前に下準備期間
おいらが作ったプロジェクトを例に成功の秘訣を教えるよ！
GLOBAL LABO
PC
CFサイト立ち上げ1ヶ月前
Facebookページ
ホームページ
開設
会員募集はクラウドファンディングのみ！
10日前
クラウドファンディングあと〇日後に開始します！
CFサイト立ち上げ
4時間で目標金額達成！
翌日には100万円を超える支援金が集る
最初の3日間が勝負です！
初速で支援金が集まっていないプロジェクトはほぼ失敗しているよ。
「人気があるプロジェクト」と印象をあたえてゴールに達しましょう！

最初の1週間で目標の25％以上を集めると、達成率は5倍にアップ

このように、下準備期間をしっかり持ち、「**初速**」が大切です。

これは、どのビジネスにも当てはまることだと思います。

クラファンでは、**最初の1週間で25％の資金が集まれば、成功達成率は5倍に上がる**と言われています。

実際、**初速で支援金が集まっていないプロジェクトは、ほぼ失敗**しています。

友人・知人にプロジェクトが始まったことをメールや口頭などで迅速に伝えて、なるべく初日、遅くとも1週間以内に支援をしてもらいましょう。

そうすることで、知らない人には、「人気があるプロジェクト」だという印象を与えることができます。結果、多くの支援を集めることができます。

最初の3日が勝負と私は分析しています。

最初の3日間で支援者を多く集めることが「勝ちのスパイラル」につながります。

初速の勢いのままゴールに達しましょう。

「行列ができるうどん屋」と「クラファン成功事例」の共通点

先日、香川県で講演をした際に、地元の人にうどん屋さんに連れて行ってもらいました。観光ブックに載っているような人気店は、30分待つぐらい列をなしています。

初めは、正直なところ「こんな列、並びたくない！」と思っていました。しかし、地元の人は「うどん屋は、並んで食べるものだ」と自信満々に言います。

そう聞くと、やはり並んでいるところに行きたくなるのが、心理なのです。

実は、隣に同じようなうどん屋さんがあり、見た目も料金も同じです。しかし、まったく並んでいないのです。食べてみると味は行列をなしているお店と変わりませんでした。

下準備と初速
あるうどん屋さんで
こんなに並ぶの嫌だなぁ…
うどん屋は、並んで食べるものだ
うどん
ドヤドヤ
ガラーン
並んでいないうどん屋さんも同じ値段で味も変わらないのに・・・？
人は並んでいるところにどんどん並んでいくんだ。
並ぶという行為はクラウドファンディングでいえば『開始と同時に支援者を集めること』
誰にもサポートされないと人は集まらないんだ！

それでも、結局**人は並んでいるところにどんどん並ぶ**のです。これは、人の習性だと思います。

クラファンでも、これを応用してみてください。

自分のプロジェクトに並んでもらう行為は、**下準備期間に支援者を集め、スタートダッシュで支援者が殺到すること**です。

これが、「**行列ができるクラファン**」です。

人間の心理として、「誰もサポートされないキャンペーンを支援するのは躊躇する」のです。

「下準備と初速が大切」であることが、これでおわかりいただけると思います。

自分のファンを開拓する便利ツール

クラファンで成功するためには、何と言っても、フェイスブックやツイッターなどのソーシャルネットワーク（以下、ＳＮＳ）が大切になってきます。今からでも遅くないので、ＳＮＳを使いこなしましょう。

すでにこれらのＳＮＳのアカウントをお持ちであれば、ぜひ活用をしてください。**自分のプロジェクトが立ち上がったこと**や、**今、どこまで進んでいるかなどの近況をこまめにアップ**していきましょう。

もし、まだフェイスブックやツイッターなどのアカウントをお持ちでない人は、無料で開設できるので、すぐに自分のアカウントを持ちましょう。

人によってはフェイスブックを「**個人ページ**」として利用をしていて、不特定多数の人とつながるのを嫌がる人もいます。

そういう人は、クラウドファンディング用にフェイスブックの「**フェイスブックページ**」を立ち上げましょう。こちらも簡単に無料で開設することができます。

「個人ページ」と「フェイスブックページ」は、見た目は非常に似ています。

しかし、機能や使い方が異なります。通常、「個人ページ」は本名で登録しますが、

個人ページ https://www.facebook.com/george.itagoshi/

フェイスブックページ https://goo.gl/VFy2VJ

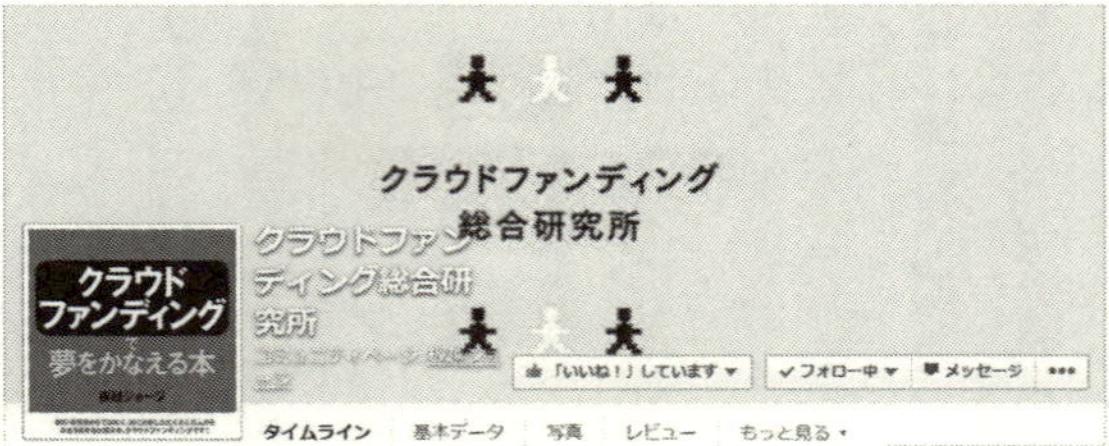

「フェイスブックページ」は、本名以外で登録することが可能になります。

たとえば、商品や団体名などです。

つまり、**個人ページは、「知り合いだけで情報交換する場」**という位置づけですが、**「フェイスブックページ」は、プロジェクトのPRのために活用可能なツール**ということになります。

したがって、個人的な情報をここでは開示する必要はなく、あくまでもプロジェクトのための宣伝ツールとして活用することができます。

「個人ページ」と「フェイスブックページ」を巧みに使い分けて、プロジェクトをどんどん拡散していきましょう。

コミュニティを探す、つくる

「コミュニティをつくろう！」と言われても、おそらく今まで自分のコミュニティをあまり意識したことはないと思います。

しかし、もしクラファンをやろうと思ったら、**自分のコミュニティを再度見直す**ことが大切です。

たとえば、あなたのプロジェクトが「クラッシクギター」であれば、クラッシクギターに関係のある団体やサークルなどです。または、あなたの出身地の県人会や学校の同窓会などのコミュニティも探してみましょう。

映画監督の佐々木芽生さんは、自分が監督を務める「ハーブ&ドロシー」の映画製作のために、「ハーブ&ドロシー応援基金」というものを高校同窓生の有志が事務局となって運営する非営利団体を立ち上げました。

そこでは、高校の同窓生とその家族や知人の範囲で応援の輪を広げる活動をしました。

結果、なんと217名から200万円以上のお金を集めました。

それぞれ自分の趣味や特性の合ったコミュニティがあります。探せば身近にいろん

コミニティをつくろう！
クラウドファンディングでは
コミュニティを
活用しよう！
例えば家族や知人
同窓会やサークルなどの
関わっている団体はない？
私の場合は…
家族、親戚
同窓会
筆文字教室
パソコン教室
Facebook交流会
学校や仕事関係の
繋がりをリストあっぷを
してみよう。
あ
自分の趣味や
特性のあった
コミュニティがあると
思うけど、
もし、見付からなければ
計画的に自分で
作るのも一つの方法だよ。

なコミュニティがあると思います。

もし見つからなければ、ちょっと**計画的に自分で作ってもいい**でしょう。

できるだけイベントに参加する

プロジェクト掲載前後は、より多くの人とのネットワークを作るために、数多くのイベントに積極的に参加していきましょう。

たとえば、異業種交流会や展示会のレセプション、同窓会やセミナーなど、名刺交換ができそうな場所に積極的に出向いて行くのです。

プロジェクト期間中は、いかに多くの人に会うかが大切です。メールやソーシャルメディアも大切ですが、やはり**対面でプロジェクトを伝えていく**ことは重要です。

出会って会話が弾めば、その場でフェイスブックの友達申請をお願いするのもいいでしょう。とにかく、人とつながることが大切になります。

また万一、対面で詳しく説明できない場合のために、名刺の他に、プロジェクトがわかるような手紙やチラシなどは常に持ち歩くようにするのもお勧めです。
直接出会った方には必ず、**フォローのためにお礼のメールを送る**よう心掛けましょう。

事例

現役大学生が知った、人と顔を向き合わせる大切さ

プロジェクト名 **大学生路上靴磨き職人が名古屋に「魅せる」靴磨き専門店を開くプロジェクト**

「路上靴磨き後、深夜にアルバイトをして資金を貯めようと考えましたが、それではオープンさせるのは何年も先になってしまいます。あきらめられないので、クラウドファンティングでプロジェクトを立ち上げたいです」

学生でもクラファンなら夢を叶えられる

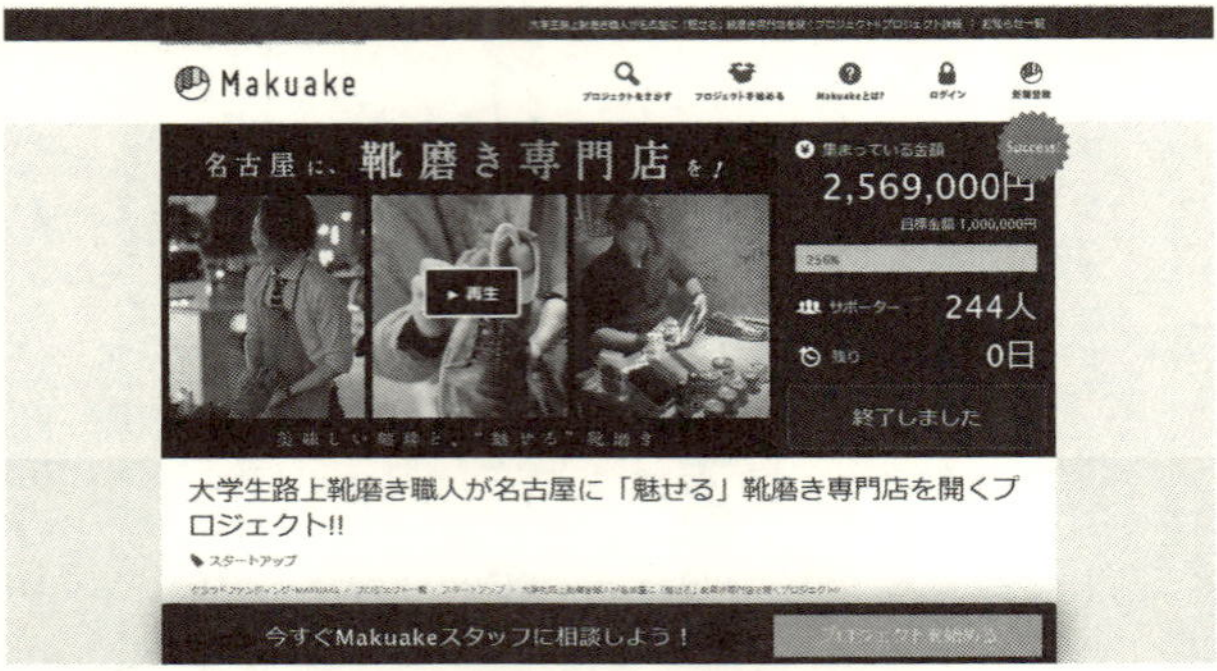

目標 100 万円／期間 25 日間／結果 257 万円、244 人
⇒成功

名古屋の大学４年生の佐藤我久さんからこのような連絡があったのは、２０１５年６月のことでした。何からしたらいいのかまったくわからずにいたときに、私の本に出会ったと言います。そして、２０１５年７月から、彼の挑戦が始まりました。

佐藤さんが挑んだのは、**珈琲を飲みながら、目の前で靴磨きを楽しんでもらえる英国パブカウンタースタイルでの靴磨き専門店**を名古屋に開くというプロジェクトでした。

靴磨きだけであれば、２坪ほどでも開店はできます。わずかな資金を元に物件を探し、名古屋駅徒歩圏内に店舗を確保しました。

しかし、それ以外の資金が足りないため、このままではオープンできないという理由からクラファンを利用しました。

実施期間は25日。目標金額100万円。大学生にとってはとても大金です。しかし、結果は大成功。244人の支援者から257万円の資金を受け取ることができました。

積極的に人に会って、夢を語る

佐藤さんがクラファンを利用した理由は他にもあります。彼は**「靴磨き」という職業を多くの人に知ってもらった上でオープンさせたかった**と語ります。準備不足かと不安に思ったこともあったようですが、それよりも「どんなクラウドファンディングになるのかという、ワクワクのほうが大きかったです！」といきいきと話す姿が印象的でした。

支援者の内訳は、知人が84％、知人の知人が10％、まったく知らない人からは6％

と直接の知り合いの支援が大きかったようです。まだ現役の大学生のため、当初それほどのお金を出してくれるような知り合いは少なかったと言います。

そこで、彼が努力したことは、**積極的に人と会う**ことでした。

支援者の50％近い人は50代以上の男性でした。その人たちのほとんどが、路上靴磨き15分で出会ったお客さんだったそうです。日頃から、彼は**素直に夢を語ることの大切さ**、何事にも真剣に取り組むことを実践していました。

また大きかったのは、**プロジェクトを始めてから参加したイベント**でした。そこで出会った人々にから多くの支援を獲得したのです。私の主催する東京での「東京ＮＹ異業種交流会（igyoshu.com/jp）や三重県などで開催したクラファンセミナー（amedori.exblog.jp/）などにも積極的に参加をして交流をしていました。

私はクラファンの相談を受けるとき、「**異業種交流会やイベント、何でもいいから『人の集まる場』に参加して、リアルな人との接点をつくりましょう**」とアドバイスします。

しかし、「私そういうのは苦手なんです」という人が結構います。そして、そういう人は失敗することが多いのです。佐藤さんは、私のアドバイスを素直に実践し、大きな成果を挙げた人でした。

「奇抜さ」と「けなげさ」の勝利

共感ポイントは、「大学生が路上で靴磨きをする」という「奇抜さ」と「けなげさ」だったと思います。

靴磨きというと、日本では黙々と職人がやる地味なイメージでした。それを大学生の若者が、イギリスのおしゃれなイメージを取り入れてやってみたいというアイデアは興味を惹きます。また、学生なのに、「人のために靴を磨きたい」という心意気がなんとも魅力的です。

また、SNSの投稿は、**「キレイな文章を作るよりも、自分の言葉で〝想い〟が伝**

わるように、多少文章が砕けても熱く熱く更新していました」と語ります。その結果、多くの人に、シェアしてもらうことができたようです。

そして何より、「SNSも大切ですが、誠実に自分の思いを〝直接〟伝えることが大切だと思いました」と主張していました。

クラファンは、インターネットを介しての資金集めですが、やはり重要なポイントは、**コミュニケーションの原点である人と顔を向き合わせることの大切さ**なのです。

プロジェクトをやっている最中は、いわば舞台に乗っている役者のようなものです。普段、人と向き合うのが苦手な人もいるかもしれませんが、ここはスポットライトを当てられた舞台だと思って、自分を奮い立たせましょう。

大きなプロジェクトでやるべきこと

支援金額１００万円以上や支援者１００人以上を目指すプロジェクトを立案した場

合は、チーム編成をする必要があります。

実質、すべてのことを1人で行なうのは不可能です。チームを編成することにより、支援者探し、情報の拡散、支援者への丁寧な対応などの役割分担をします。

「インディーゴーゴー」のデータでは、「**4人以上のチームは、1人だけより70％多く資金を集められる**」と言われています。**大きなプロジェクトを立案する場合は、あらかじめチーム編成を考えておきましょう。**

たとえば、ホームページなどをつくるグラフィック担当、魅力的なリターンの商品開発担当、その他には、イベント運営担当、法人営業担当、ＩＴ担当、支援者対応担当、執筆担当などが考えられます。

事前に、各分野での得意技のある人を集めることが成功の秘訣です。そして、各担当者は主体的に問題意識を持って活動できるのが理想です。

そのためにも、プロジェクトリーダーであるあなたがしっかりと成功へのビジョンを持ち、チームメイトと密にコミュニケーションを持つことが大切になってきます。

事例

チームをつくって思いを広げる

プロジェクト名

がん患者が自分の力を取り戻すための場「マギーズセンター」を東京に

「一番苦しかった頃の自分と同じような状況の人に、あのとき欲しかった情報や居場所を届けたい」との思いでクラファンを始めたのは、立案者の1人の鈴木美穂さんです。

彼女は、24歳のときに右胸にしこりを見つけて乳ガンと判明しました。家族や友達の前で一生懸命笑っている裏で、いつも孤独を感じ、不安で、死ぬことばかり考えていたそうです。

もう1人の立案者、秋山正子さんは、看護師として臨床や看護教育に携わった後、

チームをつくって思いを広げたプロジェクト

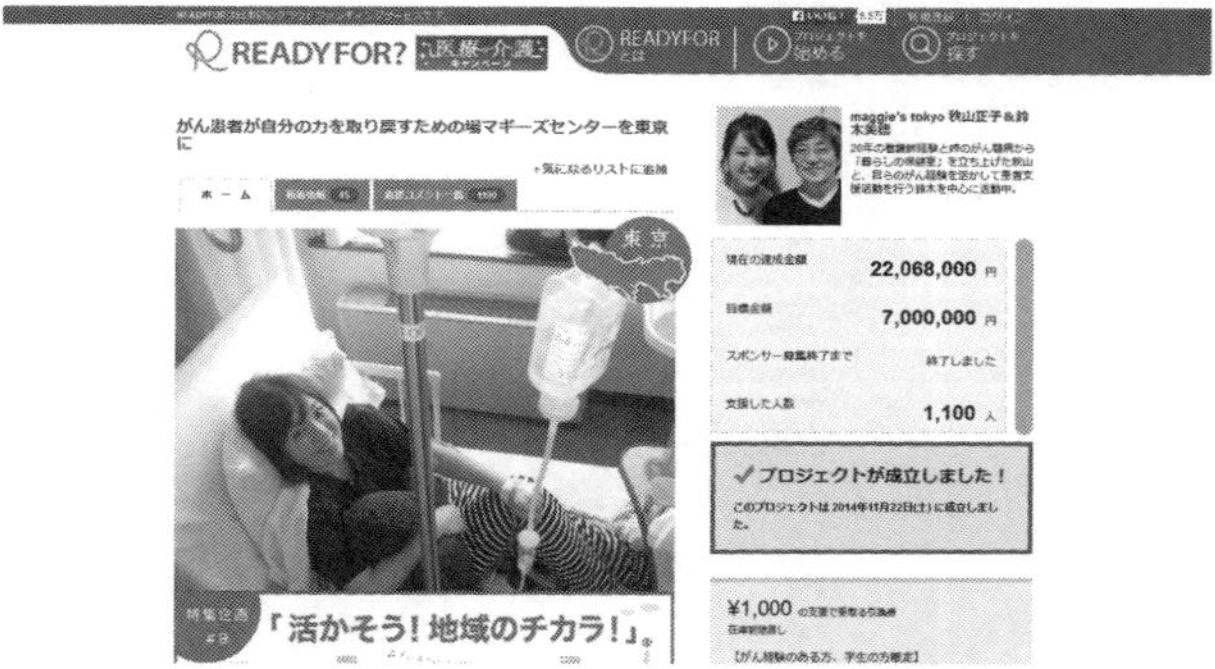

目標700万円／期間60日間／結果2200万円、1100人
⇒成功

姉のガン闘病を経験しました。その後、「これからは病院ではなく、もっと生活の場で過ごすことができたら」と訪問看護を始め、20年の経験を重ねています。

そんな2人の経験が重なって、「**こんなものがあったらいい**」という思いが生まれました。

英国には、「マギーズセンター」という、ガン患者と支える人たちのための相談支援センターがあります。このプロジェクトは、それを日本に実現させるというものです。

2014年5月に発足後、東京都湾岸エリアにセンター建築用の土地を内定し、2015年初夏の着工を目指して、建築費用3500万円を必要としていました。その資金の一部の700万円の資金調達をクラファンで挑戦しました。

60日のプロジェクトでしたが、結果、24日後には目標金額を達成しました。共感が共感を生み、1100人も支援者から2200万円を調達し、大きな話題を集めました。

今回、クラファンを使ってよかったこととして、鈴木さんは、「お金だけではなく、プロジェクトを多くの人に知ってもらう、いいきっかけとなりました」と語ります。

多様なコミュニティからの支援

では、このプロジェクトはどのように共感を呼んでいったのでしょうか。

このプロジェクトに支援してくれた人は、小学校や高校などの同級生や後輩、先輩などの、古くからの友人や知り合いでした。割合でいうと、**70%は知り合いの支援**だったようですが、プロジェクトでは、ガンの患者さんや患者さんの家族の「ガン患者のコミュニティ」も多かったと言います。

また、秋山さんが医療関係に従事していることもあり、「医師のコミュニティ」から多くの支援を集められたのが大きかったようです。

魅力的なギフトを作ったプロ集団チーム

ここまで大きくプロジェクトが成功した要素の1つには、ギフトの魅力もあります。

通常、このようなガンに関する活動を行なうＮＰＯ団体は、見返りのない寄付的な呼び込みが多いのです。そのため、**お金を集めるのは、寄付文化があまり馴染んでいない日本では難しい**のが現実です。

しかし、このプロジェクトではギフトに力を入れました。そのクオリティーが高かったと評判です。

たとえば、ここでしか手に入らない有名てぬぐいブランドとのコラボ商品やオリジナル木製アロマディフューザー、マシュマロタッチのタオルセットなど、プロジェクトに興味を持ってもらえるような人向けのギフトを考えました。しかし、コストは1割程度。最大でも2割はいっていないそうです。

ギフトの商品開発には、鈴木さんが大学時代に「この人と一緒に仕事したい」と思っていた大手広告代理店で働く友人の手を借りました。その他にも、「いつか一緒にこの人と仕事をしたい」と思っていた人たちを誘い、結果、とてもプロフェッショナルな人たちと仕事ができたのです。

たとえば、広報PRの友人、コピーライターや商品開発のプロ、ロゴを作ってくれるデザイナーなど、第一線で活躍する友達、またその友達が友達を誘うという連鎖が起こりました。全員お金を一切受け取らない、ボランティアでした。

「彼女たちは、**仕事以外のやりがいとして、このプロジェクトを『自分事』だと思ってくれてやってくれました。**発起人である私やパートナーの秋山さん以外に、このプロジェクトを『本気でやっている』と、自分事として拡散をしてくれる仲間がいたのです」と鈴木さんは振り返ります。

最初の拡散はSNS、ネット記事

プロジェクト告知の拡散は、ほぼフェイスブック経由でした。またネットの記事が大きな効果をもたらしました。

クラファンは、ネットメディアとの親和性があり、紙メディアなどと比べて格段に拡散力があるのです。鈴木さんの場合は、人生インタビューサイト「another life」やソーシャルニュースメディア「Huffington Post」などの記事に大きな反響がありました。

これらのメディアを通して、鈴木さんがガンだったと知った友人が連絡をしてきて、支援につながったのです。鈴木さんは自分でもこの記事を拡散し、さらに広がっていきました。

動画の最適時間

動画を作ったのも効果的でした。

プロジェクトの開始時に、キックオフミーティングを行ないスタート。そのときの映像をビデオでおさめました。

動画は、プロジェクトが始まってからつくり、１週間後くらいにアップをしました。プロジェクト期間中に３０００回は再生されていました。動画を見てお金を入れてくれたという人が多くいたのです。

動画の放送時間は、４分24秒。ちょっと長かったと鈴木さんは考えているようです。

私は**2～3分**を推奨しています。それくらいが、**ちょうど飽きずに人が見れる時間だ**からです（動画については２１０ページでも詳述）。

拡散の加速は「インフルエンサー」の応援

さらに、**社会的信頼のある人**がプロジェクトを拡散したことが功を奏しました。「この人が応援しているのであれば」と思って、多くの人が支援したのです。

たとえば、ライフネット生命の岩瀬大輔社長が、「プロジェクトとガン」について、自分事のように2回も書いてくれたようです。それを読んだ人たちから、さらに支援の輪が広がっていきました。

また、「**インフルエンサー**」と呼ばれる影響力のある人からの応援を受けたことが絶大な効果をもたらしました。

もともと知り合いだったというわけではなく、まったく知らない「初めまして」の人が、突然100万円のリターンを購入したのです。それがウエブ世界では有名なジャーナリストの津田大介さんでした。

津田さんは、「こういうのが必要だ」と本気で思って応援したそうです。鈴木さんたちが、特に個人的に津田さんにはお願いしたわけではありませんでした。津田さんは、信用のおける友人の書き込みをきっかけに、このプロジェクトを知ったそうです。

期間中はとにかく真摯に努力する

クラファンを利用して大変だったことは、「**できる限り、自分の言葉で毎日活動報告を書く**」ことだったようです。本業がある中、移動時間に原稿を書き溜め、夜中の2〜3時に活動報告をアップするなどの努力をしていました。

すると、活動報告をアップすればするほど、支援者数が増えていくのです。**一時期アップするのをやめた期間があり、そのときは、ピタッと支援が止まった**と言います。

しかし、その後しっかりとアップし出したら、また支援者数は伸びていきました。

活動報告をアップすると支援者数が増える理由は、アップされると、その記事が次々と支援者にシェアされるからです。また、その記事を見た人がその記事をさらにシェアをしてくれるのです。

鈴木さんは、**毎回記事の終わりに「どうしても支援が必要なのでお願いします」と書いて結んでいました。**

プロジェクト期間中は、真摯に向き合うことが大切であることがよくわかります。鈴木さんの場合、一切のプライベートの予定は入れずに、本業とこのプロジェクトに専念をしていました。

耳が痛い意見とも向き合う

毎日朝方までメールをする日々の中、たとえば、「まずは建物をつくる必要はないのでは」や「箱だけ作ってもしょうがない」「すごくキラキラしているように見えるが、本当に向き合える人が中にいるのか」などの指摘を受けることがありました。

鈴木さんはこうした意見を**メンバーと共有し、話し合い、きちんと返信する**ようにしました。すると、その人たちがその後、支援をしてくれたのです。この一連の作業と、その成果に「すごく感動しました」と語っています。

また、「自分はガンですが、どうしたいいですか」などの相談もあり、プロジェクトが終わった今でも、このような質問は続いているそうです。

鈴木さんは、「このプロジェクトを単発的なムーブメントで終わらせてしまうのは、絶対に避けたいと強く思っています。クラファンをやっているときは一見、派手に見えますが、それが終わった後も、地道に継続的な運営を継続的にしたいと考えています」と語ります。

これからクラファンに挑戦しようとする人へも、**プロジェクト自体が、単発的なムーブメントで終わってしまう危険性を認識してほしい**と話していました。

鈴木さんが、クラファンでお金以外に得たもの。それは、「一緒に夢を見てくれる、一緒に進んでくれる仲間に出会えたこと。そして、それを本気で応援してくれるコミュニティやチームが生まれたこと」でした。

鈴木さんはこう語ります。

「これだけプロジェクトに関心を持ってくれた人がいるということ自体が、本当にうれしいと思っています」

チラシをつくって配る「アナログ」の力

プロジェクトの存在を知ってもらうために、チラシをつくることも効果的です。ネットも告知も大事ですが、**アナログでの告知もかなり効果を発揮**します。チラシをつくって、あなたのプロジェクトをたくさんの人に知ってもらいましょう。

チラシは、プロジェクトにかかわるような場所やイベント会場、ギャラリーなどで配るようにしましょう。

たとえばミュージシャンならば、ライブ会場でチラシを配ったり、アーティストであれば、ギャラリーなどにチラシを置かせてもらいましょう。近所の行きつけのカフェやバーなど、人の出入りの多い場所に置かせてもらうのもいいでしょう。

また、その作品の展示会やイベントに出て、人に会う機会があれば、チラシを見せながらプロジェクトのことを簡単に知ってもらえたらいいでしょう。

チラシはインターネット画面と違い、そのまま持ち帰ってもらえます。いつでもどこでも見てもらえるので、あなたのプロジェクトを思い出してもらえるチャンスになります。

実はこのチラシは、あなたのクラファンのプロジェクトの宣伝だけではなく、**活動そのものや、製品を知ってもらういい機会**なのです。

今回は支援金の調達まではいかなくとも、**今後あなたの支援者になってくれる可能性もあります。**

カードやチラシには、実現したいことやお勧めしたいリターンを書き、クラウドフ

ネットと併せて、アナログ（チラシ）でも告知

※「湯原温泉おかみちゃんの豆カレー」プロジェクトの場合

湯原温泉
おかみちゃんの豆カレー

温泉旅館女将たちの挑戦！！特産青大豆を使った豆カレーで、
湯原温泉を盛り上げたい！！

青大豆
きよみどりです！

きよみどりのスゴイところ！！
大豆はもともと畑の肉といわれるくらい、ビタミンB1、ビタミンB2、ビタミンEなどの栄養価が豊富ですが、その大豆の中でも青大豆「キヨミドリ」はオリゴ糖のもとになるショ糖の含有量が極めて多いため、風味がよく美味しいと言われています。他にもクロロフィルなどの栄養成分も多く含まれており、健康志向、ダイエットの分野などでも注目されている希少価値の高い品種です。

湯原温泉を盛り上げたい！！と頑張っている女将たちを応援、支援して
下さる方を募集中です！
ぜひ、ご支援よろしくお願い致します。

https://faavo.jp/okayama/project/408　　ＦＡＶＶＯ岡山より

※ ご支援コースは　3,000円・5,000円・10,000円・30,000円・50,000円のコースがあります。

お問い合わせは・・・〒717-0402　岡山県真庭市湯原温泉１２４
湯原町旅館協同組合女将の会　事務局まで　0867-62-3024

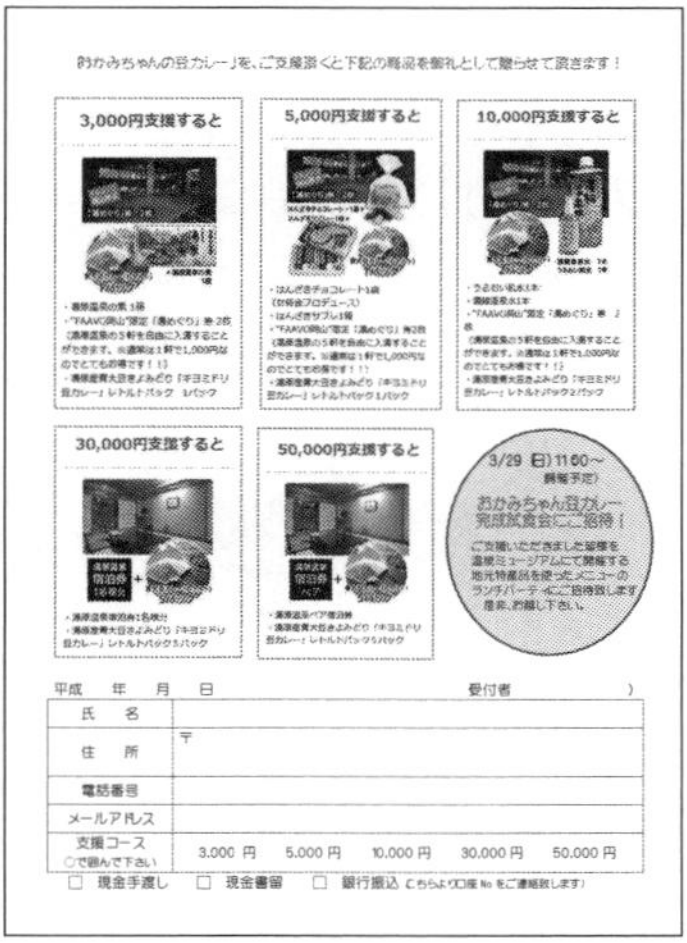
「おかみちゃんの豆カレー」を、ご支援頂くと下記の商品を御礼として贈らせて頂きます！

3,000円支援すると
・湯原温泉の素 1袋
・"FAAVO岡山"限定「湯めぐり」券 2枚
（湯原温泉の5軒を自由に入湯することができます。※通常は1軒で1,000円なのでとてもお得です！！）
・湯原産青大豆きよみどり「キヨミドリ豆カレー」レトルトパック 1パック

5,000円支援すると
・はんざきチョコレート1袋
（女将会プロデュース）
・はんざきサブレ1箱
・"FAAVO岡山"限定「湯めぐり」券2枚
（湯原温泉の5軒を自由に入湯することができます。※通常は1軒で1,000円なのでとてもお得です！！）
・湯原産青大豆きよみどり「キヨミドリ豆カレー」レトルトパック 1パック

10,000円支援すると
・うるおい化粧水1本
・湯原温泉水1本
・"FAAVO岡山"限定「湯めぐり」券 2枚
（湯原温泉の5軒を自由に入湯することができます。※通常は1軒で1,000円なのでとてもお得です！！）
・湯原産青大豆きよみどり「キヨミドリ豆カレー」レトルトパック 2パック

30,000円支援すると
・湯原温泉宿泊券1名様分
・湯原産青大豆きよみどり「キヨミドリ豆カレー」レトルトパック 5パック

50,000円支援すると
・湯原温泉ペア宿泊券
・湯原産青大豆きよみどり「キヨミドリ豆カレー」レトルトパック 5パック

3/29（日）11:00～
（開催予定）
おかみちゃん豆カレー完成試食会にご招待！
ご支援いただきました皆様を温泉ミュージアムにて開催する地元特産品を使ったメニューのランチパーティにご招待致します
是非、お越し下さい。

平成　年　月　日　　　　受付者　　　　）

氏　名	
住　所	〒
電話番号	
メールアドレス	
支援コース ○で囲んで下さい	3,000 円　5,000 円　10,000 円　30,000 円　50,000 円

□ 現金手渡し　□ 現金書留　□ 銀行振込（こちらより口座 No をご連絡致します）

アンディングとは何なのかも書き添える必要もあるでしょう。

詳細を見てもらうためのＵＲＬだけではなく、**ＱＲコードを添えておく**のも効果的です。

中だるみ対策を事前に仕込む

プロジェクトを開催した場合の初めの1週間が大切であることは、先にお伝えしました。

これまでに成功した事例をデータ分析すると、支援者数はプロジェクトを開始したときと、終了日近くに伸びる傾向にあることもお伝えしたとおりです。

私はこれを、クラファン独特の「**支援者のU字現象**」と呼んでいます。

告知開始後の1週間と、終了前の5日間はアクセスが集中するものの、それ以外の**2～3週間は中だるみする**ため、そこへの注目を集めることが大切になってきます。

支援の波は、「スタート」と「ラスト」にやってくる

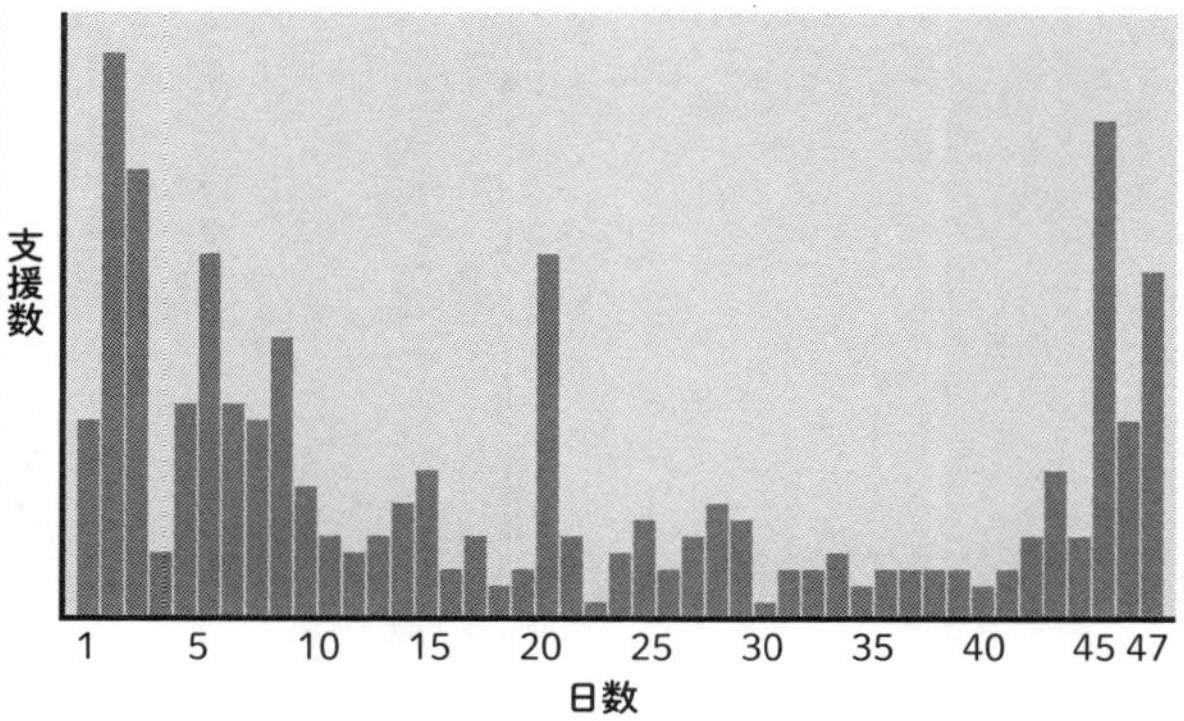

「中だるみ」するので、その対策を事前に考えておこう！

出典：kickstater.com Trafific and Demographic Statistics by Quantcast

そのため、この中盤の**「中だるみ」を克服する**必要があります。

イベントの初期は、いろいろな人に話すことができます。しかし、中盤になってくると、毎度毎度フェイスブックやツイッターなどで、クラファンのことを言うのがつらくなってきます。毎日同じような事柄をアップしていると、「またか」と思われてしまいます。また、自身もこの時期になってくると疲れてきてしまいます。

この時期に、**話題作りのためのイベントを開催**したり、**進捗情報などの活動報告**をこまめに書いたりするなど、「中だるみ」対策を、**事前に考えておく**ように心掛けておきたいところです。

第4章

クラウドファンディングでよくある質問

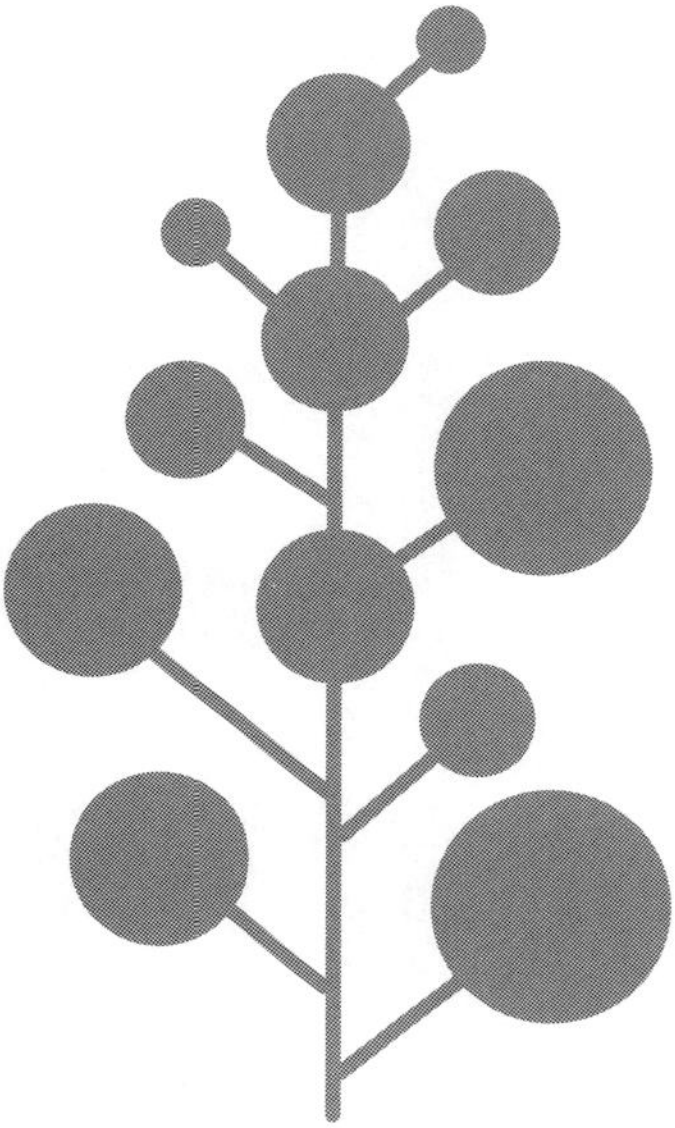

最後にこれまでに講演やコンサルティングを行なう上で、クラファンに関してよくある質問をまとめてみました。

【Q1】クラウドファンディングの応募資格と禁止事項はありますか？

日本におけるクラファンの応募資格は通常、日本国内の住所、電話番号、本人名義の銀行口座、公的機関が発行している身分証（免許証、パスポート、健康保険証等）もしくは学生証を持っていることが条件になります。

個人、法人、団体、誰でもできます。

応募資格は、投稿したプロジェクト内容をＣＦサイト側が、掲載可否を独自に審査します。各ＣＦサイト運営会社の「利用規約」に詳しく掲載されています。

常識的なものであれば、個人・法人・団体、誰でも、無料で参加できる

プロジェクトおよびリターンに含まれる主な禁止事項

- 法令で禁止されているもの
- 病気や体の不調を直したり、癒したり、または防止できると謳っている物品（機械、アプリ、本、栄養補助食品なども含む）
- コンテスト、クーポン、ギャンブル、ラッフルまたは永久会員権
- 栄養補助食品
- 他人に危害や損害を与える恐れのあるもの（人種差別演説、他人に暴力を加えるものなど）
- 遺伝子組み換え食品をリターンとして提示すること
- 金融サービス、旅行業務（パッケージツアーの販売など）、電話関連業務（テレホンカード、フリーダイヤルの提供）、マーケティング業務など法的規制のあるサービスを提供すること
- 公職選挙法に抵触する行為
- 転売物品（全てのリターンは、プロジェクト自体もしくはプロジェクトの発起人によって製作、開発されたものでならない）
- タバコ、麻薬、その他合法ドラッグなどと呼ばれるもの
- 武器、武器のレプリカ、武器の付属部品
- 著作権を保有していない著作物、使用許諾を受けていない著作物その他正当な使用権を保有していないもの
- 酒、医薬品・医療品、動物、昆虫等の生物、販売に際して法律で義務づけられている免許や資格条件を満たしていないもの、非合法商品全般
- 火薬・花火など危険性の高い商品
- 犯罪に使用されるおそれがある商品（エアガン、スタンガン、催涙スプレー）
- 法令により携行を禁止された刃物
- 開運、魔よけを標榜する高額商品、金融商品（株や配当など）、一般に流通している商品券やクーポン券といった換金性の高いもの。
- アダルト・風俗関連
- 人体、臓器、細胞、血液またはそれらを利用・加工したものの作成や、医療関連のプロジェクト
- 著しく性欲を興奮させたり、刺激したりする内容・動画・画像（イラストや絵画等も含む）の掲載
- アダルトサイト、出会い系サイト関連の表現・内容またはこれらのサイト等へのリンク
- 無限連鎖講（ねずみ講）、リードメール、ネットワークビジネス関連（MLM、マネーゲーム、オンラインカジノ等を含む）の勧誘等の情報、及びこれらに類すると当社が判断する情報の掲載
- 出会いを目的とする行為、異性との交際または性交渉を目的として本サービスを利用する行為

出典：Kickstarter、キャンプファイヤー、マクアケのガイドラインを基に著者が作成

Q2 海外のCFサイトに投稿する際の応募資格を教えてください

海外の「キックスターター」や「インディーゴーゴー」に応募する場合は、次の要件を満たさなくてはなりません。

◎18歳以上（18歳未満の場合、保護者が代理人になれる）。
◎アメリカ永住権、ソーシャルセキュリティナンバー保持、またはＥＩＮ（納税者番号）保持。
◎アメリカでの住所、銀行口座、州から発行されている身分証明書（運転免許など）。
◎主なクレジットカードまたはデビットカード。

アメリカ人でないといささか要件を満たすのは難しい状況です。

しかし、裏技があります。アメリカで会社を設立すれば、これらの要件を満たすことができるのです。海外進出を目指し、高額の案件の達成を目指す場合は、一考の価値があるかもしれません。

アメリカで会社を設立すれば、ＥＩＮを取得することができます。レンタル住所サービスを利用すれば、アメリカで銀行口座を開設することもできます。

アメリカでの会社設立に関しては、こちらのサイト（日米ベンチャービジネス支援センター：http://www.uskigyou.com/）をご参照ください。また、私が所長を務める「クラウドファンディング総合研究所」でも、海外のＣＦサイトに挑戦したい日本人のサポートもしています。

Q3 同じ案件を複数のサイトに同時展開できますか？

ほとんどのＣＦサイトは、同時に同じプロジェクトを掲載することを禁止しています。

ただし、一度終わったプロジェクトで、少しタイトルを変えたりしたものであれば、一部のサイトでは了承されます。

とはいえ、前回のプロジェクトの出資者に不利益なるような行為は、マナーとして避けるべきです。

なお、一度失敗したプロジェクトをブラッシュアップして再度挑戦するのは、もちろんＯＫです。

Q4 集まったお金の税金は、どうなるんですか？

「購入型」クラファンの場合は、ＣＦサイト運営会社から受け取ったお金は「商品売買」としての収入とみなされます。

支援者としてはプロジェクトを応援する気持ちでお金を出している寄付かもしれませんが、リターンやなんらかの商品を手に入れます。そのため、税法上は先払いで商品を購入したとみなされます。

したがって、個人の場合には所得税、法人の場合には法人税がかかってきます。

もちろん、税金がかかるといっても、調達した資金全額にかかるわけではありません。調達した資金からリターンの原価や人件費など、プロジェクトの実行に使った費用を引いた後の利益に対しての所得税や法人税がかかります。

消費税に関しても、通常の「商品売買」となるので、納付しなければなりません。

Q5　支援した案件の本人が一度は起業してはみたものの、すぐ倒産してしまいリターンに設定されていた割引券や商品を受け取れていない場合、泣き寝入りですか？

そのような案件は、まだ日本では聞いたことはないですが、アメリカの場合は集団訴訟を起こすというケースがあります。

しかし、通常はプロジェクトが成功したらすぐにリターンを渡すものなので、その時点で倒産するというのはあまり考えられません。

もしあるとすれば、明らかに初めから計画倒産を狙った詐欺でしょう。

しかし、クラファンには「1／3の法則」がありますので、成功する案件には必ず自分の直接の知り合いが何人もいるはずです。そういう人を裏切って詐欺を働くのは、よほどの根性がいると思います。

このような詐欺的な案件が発生しないように、日本のCFサイト運営会社は事前の調査をしていると聞いています。

Q6 お金が集まらなかった場合はどうなるのですか？

もし、目標金額に達成しなかった場合は、「達成時報酬型」の場合は、1円も受け取ることができません。

しかし「実施確約報酬型」の場合は、目標金額に達成しない場合でもCFサイト運営会社の手数料を引いた分の全額を受け取ることができます。詳しくは111ページをご参照ください。

Q7 投稿するのに、お金はかかりますか？

クラファンに投稿するのは無料で、一切お金はかかりません。

そのため「ノーリスク・ハイリターン」がクラファンの魅力の1つでもあります。

ただし、成功して報酬を受け取る場合は、CFサイト運営会社が手数料を引いた分を振り込まれることになります。手数料に関しては122ページをご覧ください。

Q8 目標金額以上に集まった場合はどうなりますか？

目標金額以上に集まった場合でも全額受け取ることができます。また、お金をどのように使ったかを公表する必要もありません。

しかし、善意で集まった資金です。支援者を裏切らないように、誠実にプロジェクトを実行してください。

Q9 投稿する上で、動画は必要でしょうか？

海外の「キックスターター」と「インディーゴーゴー」では、「動画」掲載に関して特に強く勧めています。

インディーゴーゴーでは、動画のあるプロジェクトは、動画のない場合と比べて平均114%多く資金を集められるというデータを持っています。実際、成功している案件のほとんどは動画を掲載しています。

私もこれまでに数多くのクラファンのプロジェクトに支援していますが、最後の決め手として動画を観るようにしています。動画を観ると心が動かされることが多いからです。

しっかりと作り込まれているとプロジェクトに関しての真剣度を感じます。また、立案者やそのチーム仲間を見ることにより、プロジェクトに対する安心感を覚えます。きちっと作ってあると、プロジェクトの実行性と信頼性を感じることができます。

動画をつくると言っても、テレビ番組や映画のような完成度は必要ありません。自画撮り風でも構いません。いかに自分のストーリーが伝わるかが大切です。

まずは目標金額を達成することが大切ですが、もしあなたのプロジェクトが目標額を超えて200％、1000％とたくさんの支援を集めるような大きなプロジェクトを目指すのであれば、動画は時間をかけて準備することをお勧めします。

Q10 ストレッチゴールとは何ですか？

プロジェクトが目標金額を超えた場合、さらに多く支援してもらうために「ストレッチゴール」という手法をクラファンではよく使います。

または、あえて低い目標金額を設けて、「目標金額の〇〇万円以上集まった場合は、さらにすばらしいサービスを提供できる、特典が多くつく」というストレッチゴールを設ける場合もあります。

日本のクラファンではまだ馴染みが薄いのですが、アメリカではよく用いられる戦略的な方法です。

たとえば、「目標金額よりも10万円多く集まったら、支援者全員に限定のトレーディングカードを追加でプレゼントします」「300万円を達成したら、カフェにシアタールームを追加でつくります」などです。

「ストレッチゴール」とは、前提となる目的をさらに充実させるために設定する次なる目標のことです。次なる目標があることで、あとからプロジェクトを知り、共感した人も支援できるのです。

Q11 すでに開始しているプロジェクトに対して、お金を集めることはできますか？

各CFサイトの判断によるところはありますが、たとえば、「新しい機能をつけるので資金が必要」と言ったような追加投資を目的とした資金調達には、使用できることもあります。

Q12 プロジェクトを申請する前に相談できますか？

はい。通常は投稿するCFサイトに事前に相談することは可能です。または、クラウドファンディング専門のコンサルタントにご相談ください。

Q13 プロジェクトの公開後の内容の編集・削除はできますか？

各CFサイトによって、基準は違います。基本的な考え方としては、公開後すでに支援をしている人に対して不利益になるような編集や削除は好まれません。たとえば、「公開後にリターンの商品の価格を下げる」などです。

Q 14 プロジェクトの実行には、誰が責任を持つのですか？実行されないときはどうなるのですか？

プロジェクトの実行の責任は、プロジェクトの起案者になります。実行すると約束をしているものなので、実行されない場合は、そのプロジェクト起案者の責任になります。

現在、日本においては起案者による詐欺的行為は発見されていません。今後、起案数が増えてくるにつれ、実行されないという問題が起こってくるかもしれません。

アメリカでは、明らかに詐欺的行為というのは未然に防がれています。しかし、「こういう商品を作ります」と言っておきながら、実際に手にしたものは、「写真やビデオで見たものと何か違う」というケースがあると聞きます。

これは、ネット通販やテレビショッピングなどで購入した経験のある人であれば、理解ができるでしょう。支援する側も、ある程度のリスクを覚悟したうえで投資するようにしましょう。

Q15 もし、支援したプロジェクトが不成立となった場合、どのような返金方法になりますか？

基本的に、プロジェクトの募集期間中は、購入予約の状態になっています。そのため、プロジェクトが成立した場合のみ決済が行なわれます。

したがって、プロジェクトが不成立になった場合は、購入予約は自動的にキャンセルされ、決済も行なわれません。

おわりに

現在、世界には1250以上のCFサイト、日本においても50以上のCFサイトがあります。まさに群雄割拠という状況です。

日本ではまだ、アメリカのキックスターターやインディーゴーゴーのように「ここが一番」というような誰もが知るサイトは存在していません。そのためか、私が全国講演していると、必ずその地域で**「これからCFサイト運営会社をやりたいと思っています」**という方が参加しています。

実はアメリカでは、すでに勝負がついています。1位のキックスターターと2位のインディーゴーゴーでは倍以上の調達額の差が出ています。これは、まるでグーグルとヤフーのようです。

日本でも、業界の発展の途上においては、たくさんのＣＦサイト運営会社が出てきてもいいと思っています。現在日本のサービスは、アメリカと違い、手数料が高かったり、入金のスピードが遅かったりします。

しかし、日本のサイトは日本らしく、支援方法がクレジットカードだけではなく、銀行振り込みやコンビニ決済ができるなど、日本ならではサービスがあるのはすばらしいことだと思います。

アマゾンが日本にやってきたように、アメリカのサイトがすべてのシャアを奪うことがないようにと願っています。**日本の強み、気が利く国民性を生かした、独自のサイトを発展させる**ことが今後の課題だと思います。

アメリカでは、資金などの問題で今まではなかなか世に出回ることがなかったような商品を、クラファンを利用して世に出す仕組みとして定着しています。クラファンに合うような優良な企画をネット上で発見し、企画から製造までの支援をして、クラファンを利用し資金調達をし、商品を世に出すようなクラファンプロデュース会社がアメリカには存在しています。

発案者のみならず、発案者を支援するサービス企業の創設も、日本では今後注目されるでしょう。

また、日本ではまだ起こっていませんが、アメリカでは、支援をもらうだけもらってリターンを返さないという詐欺的な行為が発生しています。日本で一度でもそういうことがあると、すぐに受け入れられなくなる風習があります。先の「グルーポン」のようなすばらしいサービスも、そのような理由で定着しませんでした。

日本では今後、クラファンも同じような道を辿らないよう、研究者として情報の普及と分析を続けていきたいと思います。

当たり前のように、**お互いの決めごとを守り、時間を守り、相手を尊重し、謙遜し、思いやり、安心して仕事、生活ができる日本の文化**。本書で、このような文化がクラファンを行なう上でとても大切だと述べました。この日本のお家芸をうまく生かした、**世界一安心な和製クラファン**が生まれれば、これほどすばらしいことはありません。

今後は、研究者として、この和製クラファン構築を私の一つの使命としていきたいと思っています。

折しもこの原稿を書いている今、東北の各地でクラファンのセミナーを開催しています。**寄付による復興支援から自立ができる復興支援として、クラファンを活用**してもらいたいと切に願っています。

実は私は震災直後に、すぐにニューヨークから物資を届けに被災地へ半年間、毎月通いました。4年半経った今、いち早く復興したところもあれば、まだまだ復興が終わっていないところもあります。

クラファンの本質的な利用法は、お金を集めるためだけの一過性のものではありません。**継続的に事業が続くように、クラファンを上手に活用**してもらいたいと思っています。

これまで20年間、起業家として日米のビジネスを見てきました。

「アメリカで流行るものは、日本で流行る」という、俗に言う「タイムマシーン経営」というものを目の当たりにしました。これは、あたかもアメリカという未来からタイムマシーンがやってきて、新しいビジネスモデルを日本に広めるというようなものです。

20年前、インターネットが日本語でも使えるようになったときに、私は「インターネット攻略本」という本を発刊しました。今ではインターネットは誰でも知っていますし、世界中の人々の生活に欠かせないツールとして、恐ろしいほどの普及と広がりを見せました。

それと同じように、今はまだ、「クラファンって何？　お金集めできるって言うけど、何か怪しい」くらいに思われている時代です。そんなとき、いち早く私は本書を日本に投入したかったのです。

インターネットが恐ろしい勢いで普及したときのように、**クラファンはこの5年以内には日本人が誰もが知る仕組みになる**と確信しています。

その前に本書を手に取ってくださったあなたには、世間より早いスタートダッシュを切ってほしいと願います。

ライバルがあまりいない今こそ、本書でぜひクラファンを誰よりも早く理解し、自分なりに利用して、あなたのやりたいことを実現してください。

それは、あなただけのためだけにとどまりません。**あなたの行動が、社会に貢献することになる**のですから。

2015年9月　宮城県石巻市への道中にて

板越ジョージ

参考文献

●「2015 CF The Crowdfunding Industry Report」2015年、Massolution

●『クラウドファンディングで夢をかなえる本』2014年、板越ジョージ著、ダイヤモンド社

●『クラウドファンディングではじめる1万円投資』2014年、大前和徳著、総合法令出版

●「日経MJ」2015年4月25日

●ダイヤモンドオンライン「連載　クラウドファンディングで夢をかなえる」2014年、2015年、板越ジョージ

●「月刊ビッグ・トゥモロウ」「連載　クラファンの作り方」2015年9月号、10月号、板越ジョージ、青春出版社

●「Tips From Indiegogo's CEO On How To Succeed When Crowdfunding」Oct 29, 2013 by Greg Kumparak techcrunch

〈著者プロフィール〉

板越ジョージ（George Itagoshi）

Global Labo（NY）CEO、㈱クラウドファンディング総合研究所所長。
1968 年東京生まれ。高校卒業後、1988 年に渡米。サウスカロライナ大学国際政治学部卒、中央大学ビジネススクール（MBA）修了、同大学院総合政策研究科博士後期課程。
1995 年、出版・広告業ITASHO AMERICAを設立。2014 年、「Global Labo, Inc.」（NY）を設立し、海外進出を目指す日本企業や個人をサポートしている。日米のクラウドファンディング事情に精通しており、日本のクラウドファンディング研究の第一人者として、クラウドファンディング関連の研究とともに、日本とアメリカ各地でクラウドファンディング関連の講演活動、コンサルティングを行なっている。
中央大学政策文化総合研究所準研究員。中央大学ビジネススクール戦略アカデミーフェロー（講師）、在ＮＹ日本国総領事館海外安全対策連絡協議会委員。著書に『クラウドファンディングで夢をかなえる本』『結局、日本のアニメ・マンガは儲かっているのか？』『アニメ・グローバル競争戦略再考』等多数。

◎㈱クラウドファンディング総合研究所ＨＰ　www.cf-ri.com
◎著者ブログ（講演情報）　http://amedori.exblog.jp/
◎ Facebook：www.facebook.com/george.itagoshi

日本人のためのクラウドファンディング入門

2015 年 10 月 15 日　　初版発行

著　者　板越ジョージ
発行者　太田　宏
発行所　フォレスト出版株式会社
〒 162-0824 東京都新宿区揚場町 2-18　白宝ビル 5F
電話　03 - 5229 - 5750（営業）
　　　03 - 5229 - 5757（編集）
URL　http://www.forestpub.co.jp

印刷・製本　中央精版印刷株式会社

ISBN978-4-89451-961-9　Printed in Japan